영화와 신화로 읽는 심리학

영화와
신화로 읽는
심리학

 우리 삶을 읽는 궁극의 메타포

· 김상준 지음 ·

보아스
BOAZ

영화관에 앉아 영화를 볼 때마다 사뭇 느끼는 바는 아무리 복잡한 이야기를 담고 있는 영화라도 마치 어디선가 본 듯하다는 것입니다.

비극적인 사랑, 탐욕과 질투, 선과 악의 대결, 창조자와 파괴자, 탄생과 죽음 등 영화는 비록 그 시대와 장소가 달라도 이런 주제의 테두리 안에서 맴돌고 있습니다. 이것은 바로 인간의 원형이라 할 수 있습니다. 원형은 더 이상 나뉘지 않는 마음의 단위들입니다.

이러한 인간의 원형을 가장 잘 반영하고 있는 것이 신화입니다. 신화 속 주인공들은 바보스러울 만치 순진하게 위험한 사랑에 빠지고, 선과 악으로 대립하고, 아집과 탐욕을 드러내기도 합니다. 그들은 우리 인간 내면에 존재하는 원형을 원색적이고 거짓 없이 드러내고 있습니다. 신화 속 인물들은 오랜 세월 동안 문학작품이나 연극, 가극 등에서 끊임없이 새로운 모습으로 부활되었습니다. 단지 이름이 바뀌고, 무대의 배경이 달라졌을 뿐 본질은 같습니다.

뤼미에르 형제가 영화를 처음 만든 이후 신화 속 인물들은 이제

스크린으로 옮겨가게 되었습니다. 영화가 관객에게 감동을 선사하고 영화 속 이야기가 공감을 끌어내기 위해서는 인간 마음속의 원형을 자극해야 하므로 자연히 인간의 원형을 가장 많이 담고 있는 신화를 은연중에 영화 속에 변형해 등장시키거나 차용하고 있습니다. 셀룰로이드 필름의 그림자에 불과한 영화에 우리가 그토록 열광하는 이유도 바로 인간의 원형이 담긴 신화가 들어 있기 때문입니다. 즉, 신화 속의 인물들은 오랜 세월을 뛰어넘어 과학의 산물인 스크린으로 옮겨온 것입니다.

그러나 이 책은 거꾸로 영화를 신화로 환원해 보았습니다. 영화를 신화로 환원하면 복잡한 줄거리는 단순해지고, 이야기는 몇 개의 자극적인 원형으로 압축됩니다.

이 책은 영화와 신화의 원형 속에서 우리 삶을 조망해 보고 우리 모두 겪게 되는 통과의례인 생로병사를 깊이 있게 고찰하고 있습니다.

삶은 어느 누구에게도 친절하지 않고, 때로는 혹독하지만 우리가 그 이면에 깔린 의미를 파악하고 이해한다면 좀 더 나은 선택을 하고 주어진 삶을 잘 가꾸어 나갈 수 있을 것입니다.

이 책이 조금이나마 그러한 길잡이가 되어줄 수 있기를 소망합니다.

| 제1장 |

자아를 찾아서

마스크

나는 나로 살고 있는가?

북유럽 신화의 악의 신 로키

북유럽 신화에는 로키라는 잘생긴 신에 관한 이야기가 있다.

로키는 어마어마한 거인에 꾀와 지식이 많았는데, 그것을 나쁜 일에만 사용해서 악을 상징하는 신이다. 그는 사기를 치고, 다른 신이나 인간을 기만하는 행동을 많이 하는 것으로 악명이 높다. 그는 여러 가지 재주를 가지고 있었는데, 특히 변신술에 능했다.

로키는 파르바우티와 라우페위 사이에서 태어났으며, 그에게는 두 명의 형제가 있다. 로키는 땅과 바다를 다닐 수 있는 신발이 있었는데 일이 생기면 그 신발이 축지법을 써서 그가 원하는 곳에 빨리 도착하게 해주었기 때문에 항상 그 신발을 신고 다녔다. 심지어 그 신발은 매우 빨리 움직이게 해서 로키가 원하는 곳보다 더 멀리 갈

때도 있었다.

그리스 신화에서 신들의 왕이 제우스라면 북유럽 신화에서 신들의 왕은 오딘이다. 한때 로키는 오딘의 신하로 활약하기도 했는데 꾀가 많고 영리했기 때문이다. 하지만 다음의 사건으로 인해 로키는 용서받지 못할 신으로 전락하게 된다.

오딘에게는 부인 프리그와의 사이에 낳은 아들 발드르가 있었는데 그는 빛의 신이다. 어느 날 오딘이 저승의 마녀로부터 예언을 들었는데 발드르가 피할 수 없는 죽음을 맞을 거라는 내용이었다. 너무 놀란 프리그는 사랑하는 아들의 죽음을 막기 위해 세상 만물에게 자신의 아들의 목숨을 빼앗지 않겠다는 서약을 받는다. 그런데 겨우살이에게는 약속받는 것을 건너뛰었다. 연약한 겨우살이가 무슨 짓을 할 수 있을까 라고 생각했기 때문이다.

그러나 발드르를 시샘하고 질투하던 로키는 겨우살이가 발드르의 약점이라는 사실을 알게 되었다. 그래서 어느 날 발드르가 물건을 던지고 받는 놀이를 하고 있을 때 발드르의 형이자 장님인 회드르를 꼬드긴다.

회드르는 눈이 멀어 신들의 장난에 끼지 못해서 외로웠던 차에 로키가 나타나 말을 걸자 기분이 좋아졌다. 로키는 회드르에게 겨우살이 가지를 쥐여준 뒤 앞으로 힘껏 던져 보라고 했다. 회드르는 자신의 힘을 과시하고 싶은 마음에 모든 힘을 쥐어짜 겨우살이 가지를 던졌다.

그런데 그곳에는 바로 발드르가 있었다. 겨우살이 가지는 발드르

발드르의 죽음

크리스토퍼 빌헬름 에케르스베르크 | 1817년 | 샤를로텐보르 궁전 소장

의 가슴을 관통했고, 발드르는 그 자리에서 죽고 말았다.

이로 인해 모든 신은 로키를 적으로 삼고 그를 쫓기 시작했다.

🎬 사회생활에서 우리를 규정하는 집단의식과 페르소나

말썽쟁이 신 로키가 나오지는 않지만, 그의 형상을 한 가면이 환상적인 컴퓨터 그래픽과 함께 등장하는 〈마스크〉라는 영화가 있다.

온순하고 소심한 은행원 스탠리 입키스는 우연한 기회에 로키의 가면을 손에 넣게 된다. 이 가면은 신비한 힘을 지니고 있는데 이것을 쓰기만 하면 신화의 로키처럼 천방지축 날뛰게 되며 초인적인 힘을 가진 불사신이 된다.

스탠리는 처음에는 마스크를 쓰고 연두색의 귀여운 괴물로 변신하여 평소 품고 있던 불만을 속 시원하게 풀어버린다.

〈마스크〉에서는 가면을 소품으로 사용하고 있는데, 가면은 예로부터 동서양을 막론하고 의식이나 연극에서 사용되어 왔다. 우리나라의 탈춤도 그중 하나다.

가면을 쓰는 목적은 그것을 쓴 사람이 가면이 상징하는 인물이나 사물로 변신하기 위해서다. 〈마스크〉에서도 스탠리는 로키의 가면을 쓰면 로키처럼 쾌활하고 장난스러운 성격으로 변한다.

그는 마스크를 쓰고 사모하는 여자에게 용감하게 사랑을 고백하고, 평소 겁이 많아 한마디 대꾸도 하지 못했던 주인아주머니를 골려주고, 자기를 우습게 보는 자동차 수리공을 혼내준다.

이렇듯 가면의 효과는 원래 자신이 가지고 있던 모습은 가면 뒤로 숨기고 가면이 상징하는 모습으로 행동하게 하는 것이다.

탈춤에서도 광대가 양반의 탈을 쓰면 체면을 중시하고 점잔을 빼며 위세를 부리는 반면, 천민의 탈을 쓰면 걸쭉한 음담패설이나 욕을 내뱉는 것을 볼 수 있다.

탈춤에서 여러 가지 가면을 바꿔 쓰고 다양한 성격을 연기하는 광대처럼 우리도 여러 가지 가면을 쓰고 살아간다.

사람이라는 뜻의 영어단어 'person'은 라틴어의 '페르소나(persona)'에서 유래한 것이다. 페르소나란 고대 그리스 시대에 배우가 썼던 가면을 뜻한다.

정신분석가인 융은 인간이 갖고 있는 여러 가지 모습, 즉 가면을 '페르소나'라고 지칭했다. 우리는 사회생활을 하면서 수많은 사람과 관계를 맺고 살아간다. 남들과 어울려 살아가기 위해서는 자신을 감추고 다른 모습이 되어야 할 때가 있다. 이때 필요한 것이 페르소나다.

탈을 보면 대부분 과장된 모습이다. 희극적인 탈은 커다랗게 웃는 입과 아래로 처진 눈꼬리가 강조되어 있다. 페르소나도 대인관계에서 남들에게 자신을 명확하게 보여주는 기능을 가진다. 그러나 가면은 그것을 쓴 이의 본질을 감추는 성격이 있다.

우리는 직장에 가서는 직장인으로, 집에서는 가족으로, 모임에서는 모임의 일원으로서 여러 가지 페르소나를 갖고 살아가고 있다.

페르소나를 쉽게 표현하자면, 의미는 약간 달라지지만 사회에서 정한 역할이라고 볼 수 있다. 예를 들면 아버지의 역할은 자식을 키우고 교육을 시키며, 자식의 잘못된 점에 대해 훈계를 하는 것이다. 만약 아버지로서의 페르소나가 없다면 아버지의 역할을 제대로 하지 못하고 자식은 제멋대로 자라게 될 것이다. 사회에서 정한 아버지로서 해야 할 역할을 하지 못하면 그 사람은 신뢰할 수 없는 사람으로 간주되고 대접을 받지 못하고 소외될 것이다.

이와는 또 다른 페르소나인 남편의 역할을 예로 들자면, 남편은 아내와 함께 가정을 이끌고 집안의 생계를 책임진다. 이때 남편의 페르소나가 없다면 그는 집안 돌아가는 것에는 관심도 없고 취미생활만 즐기고 개인사로 항상 바쁘며, 생계도 책임지려 하지 않을지도 모른다. 아내의 입장에서 보면 그는 도저히 믿을 수 없고 함께 살 수 없는 사람이라고 생각될 것이다.

이처럼 사회는 사람들에게 역할에 따라 자신의 위치를 지키며 임무를 수행할 것을 요구한다.

페르소나는 결국 한 인간이 외면적으로 남들에게 어떻게 보이는가 하는 모습이다. 따라서 그것은 한 개인이 사회와 타협하여 만들어 낸 산물이다.

또한 페르소나는 집단의식을 대표한다. 그래서 이것은 자신의 진짜 모습이 아니라 사회에서 만들어진 것을 받아들인 것이기에 시대나 문화에 따라 그 모습도 달라지게 된다.

📽 자신의 모습을 지워버리는 가면의 부작용

여러 해 동안 온몸이 나른하고 갑옷처럼 두터운 무엇인가가 가슴을 둘러싸고 있는 느낌에 입맛도 없고 쉽게 피로해지는 증상을 가진 젊은 여성 환자가 있었다. 그녀는 여러 병원을 전전하며 내과적 검사를 받았지만 특별한 이상은 발견되지 않았다.

특별한 병이 발견되지 않자 주위 사람들은 그녀가 혹시 꾀병을 부리는 것이 아닌지 의심을 하기도 했다. 그녀는 마침내 증상으로 인한 고통은 그다음이고 무엇이든 좋으니 명확한 병명이라도 알게 되기를 바랐다.

마지막으로 찾은 병원에서도 이상이 발견되지 않자 담당 의사는 정신과 자문을 받아 볼 것을 권유했다. 전에는 내 딸이 미쳤다는 것이냐고 화를 내며 퇴원을 시키고는 했던 환자의 어머니도 고집을 꺾을 수밖에 없었다.

환자는 어렸을 때 아버지가 돌아가시고 어머니가 온갖 고생을 하며 키운 자식이었다. 어머니는 그만큼 딸에 대한 기대가 매우 컸다.

환자는 어릴 때부터 어머니에게서 "너만 아니면 나는 벌써 죽었을 거야. 너를 희망으로 삼고 내가 지금까지 살았다"는 말을 수도 없이 들었다.

환자의 어머니는 사글셋방에 살며 가정부로 일하는 처지에도 딸은 명문 사립 초등학교에 보낼 정도로 교육에 열성이었다. 그러나 전교생 중에서 그녀의 집은 가장 가난했으며, 옷차림이 초라한 그녀를 급우들은 무시하고 냄새가 난다며 가까이 오지도 못하게 했다. 선생님마저 학비조차 제대로 내지 못하는 그녀에게 노골적으로 다른 학교로 전학할 것을 종용했다.

반 아이들로부터 놀림을 받는 것이 죽기보다 싫었던 그녀는 몇 번이나 어머니에게 공립학교로 옮겨 달라고 사정을 했지만 그때마다 야단만 맞을 뿐이었다.

이런 우여곡절 끝에 그녀는 명문 대학에 입학했는데, 어머니가 바라던 법대는 아니었다. 대학을 졸업하고 직장에 다닌 지 얼마 지나지 않아 환자에게 증상이 나타나기 시작해 그때부터 모녀의 '병원 쇼핑'이 시작되었다.

환자는 어머니가 바라는, 그리고 사회에서 생각하는 이상적인 딸의 페르소나에 자신을 완전히 동일시하고 있었다. 어머니의 말씀에 순종하고, 어려운 결정은 어머니에게 모두 맡기고, 어머니의 기대에 맞추어 자신의 삶을 살아야 한다는 생각이 그녀의 마음속에 깊이 자리 잡고 있었다.

환자는 어머니의 생각에 모든 것을 맞추어 살아왔다. 직장에 취직해서도 자기 또래의 동료들이 화장을 하고, 예쁜 옷을 사 입고, 친구들과 어울리며 삶을 즐길 때 그녀는 자신을 위해서는 돈도 전혀 쓰지 않고 시계추 같은 생활을 반복하며 어머니만을 바라보고 살아왔다.

그녀의 자식으로서의 페르소나는 하루아침에 생긴 것은 아니었다. 어린 시절부터 어머니의 눈치를 살피고, 어머니가 좋아하고 칭찬하는 행동만 골라가며 하다 보니 어느새 그와 같은 자식으로서의 페르소나가 형성되었다. 거기에 자식이라면 이러이러해야 한다는 사회적 관념들이 더해져 그녀의 가면이 형성된 것이다.

환자는 자연스럽게 그런 생각들이 모두 자신의 것이라고 믿고 있었다. 그러나 사실 그것은 어머니나 사회가 바라는 이상적인 자녀상일 뿐 그녀 자신의 진짜 모습은 아니었다.

자식이라면 당연히 부모의 말에 순종하고 부모가 바라는 직업을 가져야 하며, 심지어 배우자마저도 어머니의 의사에 맞는 사람을 골라야 한다는 것을 강요받아 온 것이다. 이는 어머니가 이상적으로 생각하는 자신의 가치관을 자식에게 강요한 것이다. 자신이 갖지 못한 것을 딸을 통해 성취하고자 한 욕망이었다.

환자도 때로 자신의 생각대로 하고 싶은 일을 하려고 시도했지만, 그때마다 어머니는 딸의 죄책감을 자극하면서 자신의 의견에 따르도록 했다. 어머니에게는 딸을 옭아매는 한 가지 방법이 있었다. 어머니는 언제나 딸에게 이렇게 하소연했다.

"너만 아니었으면 나는 벌써 죽었을 거다. 내가 너를 어떻게 키웠는데 네가 나한테 이럴 수 있니."

어머니는 자신의 희생을 무기로 환자의 죄책감을 자극하여 그녀를 손아귀에 넣고 있었고, 그녀는 '나를 키우느라고 재혼도 하지 못하고 살아온 어머니의 희생을 무엇으로 갚을 수 있을까'라는 생각을 하며 어머니가 바라는 여성이 되기 위해 애쓰며 살았다.

증상의 원인은 여러 가지가 있었지만, 그녀를 환자로 만든 주원인은 어머니와 사회가 부여한 '착한 딸 페르소나'에 자신을 완전히 동일시하여 본래의 자기는 철저히 억압되었다는 점이다.

그녀의 가슴을 짓누르는 증상은 그녀가 쓰고 있는 가면의 두께가 너무 두꺼워진 것에 기인한다. 가면은 남들에게 자신을 확실히 보이게 하고, 자신의 역할을 명확하게 규정짓는 역할을 한다. 하지만 이것이 너무 두꺼워지면 그 무게로 인해 도리어 휘둘리게 되고, 행동이 부자연스러워진다. 그 결과 그녀의 본래 모습은 사라져버리고 오직 가면만이 그녀를 대표하게 된 것이다.

〈마스크〉에서는 가면이 그 사람을 완전히 장악하게 되는 경우를 잘 보여주고 있다.

스탠리가 로키의 가면을 쓰는 순간 가면은 그의 얼굴을 휘감으면서 그를 완전한 로키의 모습으로 바꿔 놓았다. 로키의 활달하고 천방지축인 성격에 저항할 겨를도 없이 스탠리가 원래 가지고 있던 소심하고 겁 많은 성격은 사라지고 은행을 터는 등 대범하고 비도덕적 행동을 하는 것이다.

그러나 가면은 그 사람의 진짜 모습까지 바꾸지는 못한다. 그래서 스탠리는 영화의 마지막 장면에서 가면을 원래 있던 강물에 던져 버리고 자신의 모습으로 돌아오게 된다.

환자는 면담이 진행되는 동안 자신이 쓰고 있던 두꺼운 가면을 한 겹 한 겹 벗기 시작하면서 행동의 변화를 나타냈다. 자신이 꼭두각시처럼 어머니의 기대에 맞춰 세상을 살아왔다는 사실을 점점 인지하게 되었던 것이다.

그녀는 조심스럽게 어머니에게 자신의 주장을 하나둘 꺼내기 시작했다. 그리고 얼굴에도 화장을 하고 무채색의 옷은 원색으로 바뀌었다. 또한 집과 직장만을 오가던 극히 단조로운 생활에서 벗어나 친구들과 어울리기 시작했으며, 결국에는 경제권까지 자신이 갖게 되었다.

이런 과정에서 어머니의 저항이 만만치 않았다. 자신이 이상적으로 생각하고 있던 착한 딸이 변화하고 있다는 사실이 어머니에게는 커다란 충격이었다.

그러나 그녀는 자신이 찾아낸 길을 향해 가기 시작했다. 가면이 얇아져 갈수록 그녀의 증상도 조금씩 호전되었다.

페르소나와의 동일시는 스스로 자신의 본질을 숨기고, 그것을 자신의 생각이라고 믿게 만든다. 그러나 페르소나는 주변이나 사회의 가치관, 부모의 생각이 은연중에 주입되어 만들어진 것이다.

🎬 가면을 벗어던지는 것이 이상적인 삶일까?

〈마스크〉에서 감독이 의도했던 가면의 의미는 위에서 설명한 것과 정반대일 수도 있다. 즉, 가면이 나타내고자 하는 성격에 따라 사람의 행동이 다르게 나타난다는 것을 보여주려 한 것이 아닐 수도 있다. 스탠리가 썼던 가면은 그가 쓰고 있는 은행원이라는 페르소나를 벗기는 역할을 하고 있을 수도 있다.

자신의 의견을 제대로 표현하지 못하고, 억울한 일을 당해도 항상 참고 지내는 소심한 스탠리가 가진 페르소나를 로키의 가면이 덮어 버리는 것이다.

페르소나를 벗어 버린 스탠리는 비로소 자신의 모습을 드러낼 수 있었다. 사회에서 바라는 기존의 질서를 유지하고, 문제를 만들지 않으며, 분쟁을 피하는 소심한 페르소나를 벗어버린 스탠리의 본연의 모습은 그동안 자신을 괴롭혔던 사람들을 혼내주고, 용기가 없어 사랑을 고백하지 못했던 여인에게 사랑을 고백하는 것이다. 〈마스크〉에서 보여주려고 했던 가면의 의미는 스탠리가 가지고 있던 페르소나라는 가면에 로키의 가면을 쓰게 됨으로써 자신의 본연의 모습을 보여주게 된다는 것일 수도 있다는 말이다.

위에서 페르소나와 동일시함으로써 생기는 부작용을 사례를 들어 설명했는데, 그렇다면 페르소나는 완전히 없애는 편이 바람직할까? 만약 페르소나를 완전히 없애 버린다면 어떤 일이 벌어지게 될까?

〈마스크〉에서 잠깐 보여주고 있지만, 페르소나가 완전히 없어져도 문제는 있다. 사회 질서의 유지를 위해 그리고 다른 사람과의 관계에서 꼭 필요한 것이 페르소나다. 그런데 페르소나를 완전히 잃어버린 스탠리의 행동은 수긍이 가는 면도 있기는 하지만 본능에만 충실하다. 남을 혼내 주는 차원을 넘어서 은행을 털기도 하고, 사회의 질서를 어지럽히기도 하는 등 문제가 많다.

페르소나는 남들과 더불어 잘 살아가게 하는 기능을 가지고 있다. 그것이 없으면 체면이나 염치는 상관하지 않고 제멋대로 행동을 하게 된다. 어린 시절부터 훈육과 통제를 받지 않고 자라면 어떤 페르소나도 형성되지 않아 다른 사람들에게 피해만 주는 사람이 된다.

영화 〈데미지〉를 보면 아버지로서의 페르소나를 벗어던진 모습이 나온다. 아버지 스테판은 아들의 연인을 사랑하게 된다. 아들을 돌봐주고 가정을 지켜야 하는 아버지로서의 페르소나를 상실한 그는 결국 아들을 죽음으로 몰고 간다.

자식이 아버지를 살해하는 사건들을 가끔 매스컴을 통해 접하게 된다. 이것 역시 아들의 페르소나를 상실한 데서 기인한 사건이라고 볼 수도 있다. 그리고 범죄자들은 남들과 조화를 이루고 살아야 하며, 남들에게 피해를 주지 말아야 한다는 사회인으로서의 페르소나를 상실한 사람들이다.

🎬 페르소나는 우리 삶의 양날의 칼

위의 사례와 영화 〈마스크〉를 통해 알 수 있듯이, 강요된 페르소나에 맹목적으로 동일시하는 것도, 페르소나가 형성되지 못한 것도 모두 위험을 내포하고 있다. 기성세대는 요즘의 젊은이들이 버릇이 없고 이기적이며 자기 것만을 챙기려 한다고 불평한다. 이는 젊은이들이 자신들이 가졌던 페르소나를 더 이상 대물림하지 않았다고 여기는 데서 오는 불만이다.

그럼에도 불구하고 우리나라는 여전히 많은 사람이 페르소나에 맹목적으로 동일시하며 살고 있다. 특히 여성들에 대한 페르소나는 매우 강압적이며, 뿌리 깊게 남아 있다. 건강하고 바람직한 것이 아니에도 그것을 자신의 것으로 수용하며, 심지어 자신의 개성이라고 생각하는 여성을 많이 볼 수 있다.

자신에게 씌워진 페르소나가 어떤 것인지 알아내는 일은 쉽지 않지만, 가면이 두껍게 되었다면 가볍게 해야 하는 것은 자기 자신을 위해 반드시 필요하다. 자신의 본질을 찾는 일은 결코 쉽지 않지만, 그것을 알게 되면 자신을 괴롭히고 아프게 하는 많은 굴레에서 벗어날 수 있기 때문이다.

스탠리가 자신의 가면을 원래 있던 강물에 던져버린 것처럼 우리가 자신을 옭아매는 가면을 홀홀 털어 버릴 수는 없더라도 두꺼운 가면을 쓰고 있다면 그것을 가볍게 해야 한다.

그 과정은 나이가 들면서 저절로 일어날 수도 있다. 젊었을 때는 사회생활에 적응하는 것이 매우 중요하므로 페르소나와의 동일시가 필요하지만, 나이가 들게 되면 사회생활에 자신을 맞추는 일이 덜 필요해지기 때문이다.

나에게 맞지 않고 잘못된 페르소나를 벗는 방법은 자신에 대해 끊임없이 성찰해 보는 것이다. 자신을 들여다보면서 이것이 정말 나의 생각인지, 아니면 남들이 부여한 사회의 가치관인지를 분별하는 것이다. 이렇게 해야 자기 자신의 길을 찾아갈 수 있다.

중년 고개에 접어든 가장이 어느 날 어떤 이유도 없이 갑자기 증발하는 사건을 접하곤 한다.

이와 같은 증발은 집안을 이끄는 가장의 위치, 자식을 위해 끝없이 헌신하는 아버지의 위치, 회사의 실적을 위해 최선을 다하는 상사의 위치 등 여러 가지 페르소나가 너무나 무겁게 느껴졌기 때문일지도 모른다. 그 무게가 견디기 어려울 정도로 힘겨워 모든 가면을 벗어둔 채 빈 몸으로 떠나 버리는 것이다.

이제 우리 자신에게 중요한 질문을 던져보자.

"나는 지금 어떤 페르소나를 쓰고 살고 있는가? 나는 그 무게를 감당할 수 있는가?"

뮤리엘의 웨딩
여성에게 주입된 우월감과 열등감

🎬 신데렐라는 가부장적인 남성들의 로망

동화《신데렐라》에는 가엾은 세 명의 여성이 등장한다. 의붓어머니 라신 코티와 그녀의 두 딸 아나스타샤와 드리젤라다. 라신 코티는 자신의 친딸을 편애하고 의붓딸을 구박했다는 이유로, 나머지 둘은 자신들의 이복동생인 신데렐라의 부귀를 가로채려 했다는 이유로 늘 사람들에게 지탄의 대상이 되었다.

이 세 명의 여성은《신데렐라》에서 악역을 담당하며 엘라(신데렐라의 본명, 신데렐라는 재투성이라는 뜻이다)를 더욱 돋보이게 해주었고, 엘라는 마침내 왕자의 선택을 받아 왕자비가 된다.

그런데 과연 이 세 명의 여성을 악의 화신으로 단정지을 수 있는 것일까?

'신데렐라 이야기'는 1천 년 전부터 구전되던 수백 가지의 이야기 중에서 17세기 말 프랑스의 시인이자 동화작가인 샤를 페로의 개작으로 정착된 것이다.

그 당시 유럽은 초기 산업화 과정을 겪고 있던 시기로, 여성들은 경제활동에서 소외되기 시작했다. 그래서 경제적 자립의 길이 막힌 여성들이 신분 상승을 할 수 있는 통로는 바로 결혼뿐이었다.

산업화를 거치며 새로 등장한 부르주아 계급의 아버지들은 아들에게 자신의 신붓감을 직접 고르도록 허용하기 시작했다. 남성들은 자신의 신붓감을 고르는 과정을 미화할 필요가 있었다. 만약 이런 미화가 없다면 남성이 신붓감을 고르는 결혼시장은 사실 노예시장과 다를 바가 없었기 때문이다.

그래서 《신데렐라》라는 동화는 한 여성이 고통과 박해를 받으면서도 마법의 도움을 받아 한 남자에게 선택된다는 낭만적인 이야기로 만들어진다. 그렇기에 이 동화는 또 한편으로 남성이 어떤 여성을 선택할 것인가 하는 이야기로도 볼 수 있다.

가부장제가 굳건히 뿌리를 내리고 있던 당시의 시대상에 비추어 보자면 나긋나긋하고 순종적인 여성이 선택을 받는 것은 당연한 결과다.

자유로운 연애가 허용되면서 여성들은 젊은 남성들에게 잘 보여야 했다.

《신데렐라》의 왕자는 신데렐라가 두고 간 유리구두를 여성을 판단하는 기준으로 삼는다. 왕자는 유리구두를 들고 다니며 구두에 발이 맞는 여성을 찾아 헤맨다.

　신발(구두)은 어떤 사람이 현실을 살아가는 태도를 상징한다. 우리의 신체인 발과 현실을 상징하는 땅을 이어주는 도구이기 때문이다. 그래서 신발을 잃고 찾아 헤매는 꿈을 꾸는 것은 자신이 처한 현실에서 어떻게 살아야 할지 모르는 혼란스러운 상태일 경우가 많다.

　그런데 신데렐라의 구두는 유리로 되어 있다. 투명하고 깨지기 쉬운 유리로 되어 있는 구두는 신고 다니기에는 매우 불편하다. 구두가 현실을 살아가는 태도를 상징한다고 했는데, 유리구두란 매우 연약하고, 깨지기 쉬우며, 적응하지 못하는 태도를 상징한다. 이것은 예전에는 매우 약하고 불편한 유리구두를 계속 신고 다니는 것처럼 비현실적이고 인내하는 여성상을 가장 이상적으로 꼽았다는 것을 보여준다.

　결국 《신데렐라》라는 동화는 가부장적인 남성들이 순종적인 여성상을 원하고 그러한 여성을 반려자로 선택함을 반영하고 있다고 볼 수 있다.

🎬 신데렐라의 꿈을 던져버린 뮤리엘

부케가 하늘 높이 올라가고, 신부의 친구들은 부케를 잡기 위해 안간힘을 쓴다. 한 여성이 부케를 받자 모두 실망한 표정을 짓고, 일부는 부케를 뺏으려고 달려든다.

"너한테는 소용없잖아, 넌 남자친구도 없는데."

부케를 받은 여인은 뚱뚱하고 전혀 매력 없어 보이는 주인공 뮤리엘이다.

더욱이 뮤리엘은 옷을 훔쳐 입고 결혼식장에 나타나 경찰에 연행된다. 그러나 아버지가 시의원인 덕분에 풀려난다.

아버지는 2년 넘게 아무것도 하지 않고 빈둥거리는 뮤리엘을 나무란다. 그러나 뮤리엘뿐 아니라 그녀의 형제 모두 집에 들어앉아 텔레비전만 보면서 시간을 보낼 뿐이다.

반면 아버지는 '투쟁가 빌'이라는 별명을 얻을 정도로 경쟁적이고 전투적으로 산다. 그는 집에서도 자식과 아내를 자신의 손아귀에 움켜쥐고 있다. 식구들은 아버지 앞에서 아무런 대꾸도 하지 못하고 순종할 뿐이다.

게다가 아버지는 공적인 자리에 디드리라는 정부를 항상 데리고 다닌다. 뮤리엘의 어머니는 집에서 살림만 하는 전업주부인데 자식들이 아무것도 못하는 것에 대해 안타까워하기만 하는 소심한 여성이다.

뮤리엘은 여자친구들 모임에 끼고 싶어 하지만, 그들은 뚱뚱하고 촌스러우며 유행이 한참 지난 아바(ABBA) 음악을 듣는 뮤리엘을 따돌린다.

뮤리엘은 웨딩드레스숍을 지날 때면 언제나 부러운 듯이 쳐다보았다. 그녀의 꿈은 화려한 웨딩드레스를 입고 결혼하는 것이지만, 자신은 아무것도 하지 못하는 무능력자라고 생각한다.

친구들이 모두 하비코스라는 섬으로 놀러가자 뮤리엘은 아버지가 다른 사람에게 전달하라고 건네준 백지수표를 여행 경비로 삼아 섬으로 친구들을 쫓아간다.

친구들은 섬까지 쫓아온 뮤리엘을 경멸하는데, 그녀는 우연히 고교동창인 론다 에핀스톨을 만나게 되고 둘은 의기투합해서 장기자랑에 나가서 청중의 찬사를 받는다.

아버지의 돈을 가로챈 뮤리엘은 집으로 돌아가지 못하고 론다와 시드니로 떠난다.

시드니에 도착한 뮤리엘은 마리엘로 이름을 바꾸고 비디오 가게에서 일한다. 그러던 어느 날 론다가 갑자기 쓰러지고 척수에 종양이 있다는 진단을 받는다. 론다는 이제 평생 휠체어 신세를 져야만 하는 운명에 놓인다.

론다는 뮤리엘의 도움을 받아야 할 처지이지만, 마리엘로 이름을 바꾼 뮤리엘은 예전의 뮤리엘이 아니다. 그녀는 국적을 취득할 목적으로 위장결혼을 하려는 남아프리카 수영선수와 결혼을 한다.

이러한 뮤리엘의 모습에 실망한 론다는 그녀의 곁을 떠나 고향으로 돌아가버린다.

또한 도둑 누명을 쓰게 된 뮤리엘의 어머니는 아버지가 집을 나가버리자 자살을 한다. 장례식장에 도착한 뮤리엘은 비로소 자신이 잘못된 삶을 살고 있다고 깨닫는다.

뮤리엘은 위장결혼을 한 남자에게 헤어질 것을 통고하고 론다를 찾아가 다시 시드니로 가자고 말한다. 그리고 둘은 시드니를 향해 힘차게 출발한다.

신데렐라의 이복 자매인 아나스타샤와 드리젤라도 왕자의 유리구두를 신어 볼 수 있는 기회가 오게 된다.

둘은 그것이 자신이 잃어버린 신발이 아니라는 것을 알면서도 신어 본다. 그러나 그들의 발은 너무 크기 때문에 유리구두에 들어가지 않는다.

여성으로서 권력에 접근할 수 있는 방법인 유리구두를 거부할 수 있는 여성은 많지 않을 것이다. 그런 점에서 아나스타샤와 드리젤라는 야심이 크고 도전적인 면을 갖고 있다.

그들의 발이 커서 유리구두에 맞지 않는 것은 그 당시 남성들이 정해놓은 선택의 기준에 맞지 않음을 의미한다. 바로 여성답지 못한 성향, 즉 야심차고 도전적이며 적극적이기 때문이다.

그럼, 아나스타샤와 드리젤라는 왜 그렇게 신데렐라를 괴롭힌 것일까?

이유는 신데렐라에게 열등감을 느끼기 때문이다. 조신하고, 뛰어난 미모를 가지고 있는 신데렐라를 어떤 남성이 좋아하지 않겠는가? 이들 자매는 그 사실을 잘 알고 있기 때문에 신데렐라를 구박하고, 어떻게 해서든 권력의 핵심으로 가고 싶어 했다.

032 • 영화와 신화로 읽는 심리학

신데렐라는 자신이 남성들이 좋아하는 여성상임을 알고 있기 때문에 이복자매들처럼 요란을 떨 필요가 없다. 선택권은 전적으로 남성들에게 있기 때문이다. 그녀는 다소곳하게 낙점받기를 기다리면 되는 것이다.

그런 점에서 뮤리엘은 선택받기를 간절히 원하는 신데렐라의 이복 자매와 같다고 할 수 있다. 그리고 그녀를 괴롭히는 친구들은 오히려 신데렐라에 가깝다. 이들은 애쓰지 않아도 자신들이 남성들에게 선택받을 수 있다는 사실을 알고 있어 자부심을 느끼고 있기 때문이다.

문제는 여성의 우열을 가리는 기준이 이들에게 어린 시절부터 주입되어 있기에 우수하다고 생각하는 쪽이나 열등하다고 생각하는 쪽 모두 그것을 운명처럼 받아들이고 있다는 점이다. 그래서 자신이 우월하다고 여기는 여성들이 남성들보다 더 철저히 다른 여성들에게 그 기준을 들이댄다.

뮤리엘은 다른 친구들로부터 냉대와 멸시를 받으면서도 그들과 섞이고 싶어 한다. 이는 남성들로부터 쉽게 선택받는 집단에 들어가고 싶은 그녀의 심리로 분석할 수 있다.

뮤리엘은 자신이 매력 없고, 뚱뚱하며, 무능하다는 절망감에 빠져 있다.

그녀의 열등감은 아버지에게서 원인을 찾을 수 있다.

그녀의 아버지는 '투쟁가 빌'이라는 별명에 걸맞게 언제나 투지에 불타고 있으며, 독선적이고, 처세술에 능하다. 이런 성격은 식구들을 주눅 들게 만든다. 그래서 가족 모두 그 앞에서 어떤 대꾸도 하지 못하고 무조건 순종한다.

가장 문제가 되는 것은 그의 경쟁심이라 할 수 있다. 가부장제하에서 아버지는 자신의 가족을 돌보기 위해 다른 남성과 경쟁을 해야만 한다. 이런 경쟁심은 대외적으로 나타날 때는 크게 문제가 되지 않지만 그것이 가족을 향하게 되면 문제가 생긴다.

가부장제하에서 아버지는 자식의 도전에 대해서도 두려움을 갖기 때문이다. 자신의 힘이 줄어들면 자식들이 자신에게 도전하고 자신의 자리에 앉을 것이라고 생각하기 때문이다.

신화 속 자식을 잡아먹는 아버지의 이야기는 자식의 도전에 대한 두려움을 상징

자식의 도전에 대해 아버지가 두려워하는 모습은 그리스 신화에도 잘 나타나 있다. 가부장제가 자리 잡으면서 만들어진 그리스 신화는 첫 번째 신의 왕으로 우라노스가 추대된다.

그는 자식을 낳으면 그 자식의 도전을 받을까 두려워 곧바로 삼켜버린다. 우라노스의 아들인 크로노스는 아버지의 박해를 피해 빠져나와 아버지를 제압하고 왕위에 오른다. 그러나 그도 자식의 도전을 두려워하기는 마찬가지였다. 그래서 자식을 낳으면 곧바로 자신의 배 속에 집어넣어버린다. 그의 아들인 제우스는 이런 화를 피할 수

🏛 자식을 잡아먹는 크로노스 🏛
페테르 파울 루벤스 ǀ 1636년 ǀ 프라도 미술관

있었는데 후에 아버지인 크로노스를 제압한다.

이는 부모의 심리의 기저에는 자식이 잘되는 것을 바라면서도 자신보다 더 우월한 자식에 대한 두려움이 있음을 상징한다.

아버지가 자식을 잡아먹은 이야기는 다른 문화에서도 발견되고 있다. 그 내용은 그리스 신화와 매우 흡사하다.

파타고니아 지역의 인디언 부족들의 전설적인 영웅 엘-랄의 이야기가 그러하다. 엘-랄의 아버지 노스지테지는 자식이 태어나는 것에 대한 두려움 때문에 임신 중인 아내의 자궁에서 엘-랄을 끄집어낸다. 이때 쥐가 나타나 엘-랄을 자신이 사는 쥐구멍 속으로 데리고 들어가 그는 가까스로 아버지에게서 구조된다. 엘-랄은 양아버지인 쥐에게서 성스러운 지혜를 배우고 이 세상에 나타나 활과 화살을 발명해 세계의 지배자가 된다. 그는 성장하여 아버지인 노스지테지와 토착 거인들과 싸워 모두 격퇴한 뒤 홀연히 지상을 떠난다.

폴리네시아의 마오리족에도 그리스 신화에 등장하는 우라노스와 흡사한 인물이 등장한다.

아버지 랑기누이 곧 '하늘'은 어머니 파파투아누쿠 곧 '대지'를 너무 꼭 껴안고 있어서 파파의 자궁 안에 들어 있던 자식들이 태어나는 것을 방해한다.

이때 자궁 안에 있던 자식들은 오랜 기간 어둠에 갇혀 있던 것에 지쳐 회의를 하기 시작했다. 어떤 자식들은 아버지와 어머니를 죽이자고 했고, 또 다른 자식들은 아버지와 어머니를 서로 떨어지게 하자고 제안했다.

그래서 자식 중의 하나인 타네-마후타가 머리를 어머니 위에 놓고 발을 아버지 위에 놓은 뒤 온 힘을 다해 등과 다리를 폈다. 이로 인해 어쩔 수 없이 아버지인 랑기의 손이 풀리면서 둘 사이가 떨어지게 되었다. 마침내 어머니의 자궁 속에 있던 자식들이 세상 밖으로 나올 수 있었고, 이후 여러 생물들이 증식할 수 있게 되었다.

🎬 자신에게 맞지 않는 화려한 유리구두는 결국 벗을 수밖에 없다

뮤리엘의 아버지는 위와 같은 두려움을 가지고 있어 자식들을 무능한 상태로 만들어 버린 것이다.

그는 자식들에게 "너는 아무짝에도 쓸모없다"고 강조한다. 영화에서 아버지의 그러한 태도는 반복적으로 나타나고 집에서 아버지가 자식과 마주 앉아 대화하는 장면은 나오지 않는다. 아버지는 항상 공적인 자리에 자식을 참석시키고는 여러 사람 앞에서 "얘는 제대로 아는 것이 없고, 몇 년째 집에서 쉬고 있다"고 단점을 들춰낸다.

뮤리엘의 형제들은 아버지가 하는 말을 그대로 믿고 있으며, 전혀 의심하지 않는다.

이런 그들의 심리 상태는 뮤리엘의 여동생이 아버지의 얼굴이 커다랗게 그려진 티셔츠를 입고 여러 사람 앞에서 아버지에게 비난을 받는 장면에서 잘 드러난다. 이것은 자식들의 마음속에 커다랗게 자리 잡은 아버지의 위치를 풍자적으로 보여주고 있다.

아버지 빌은 우라노스와 크로노스처럼 자식들을 암흑 같은 배 속에 처넣은 채 햇빛을 차단하고 자식들이 성장할 수 있는 기회를 막고 있는 것이다.

뮤리엘의 아버지는 한편으로 자식이 자신의 일을 제대로 처리하고, 자신을 벗어나 독립하는 것을 원치 않는다. 그렇게 되면 자신은 가족의 왕 자리에서 물러나야 한다. 또한 자식이 독립을 하면 결국 독립적인 인격체로 대우를 해줘야 하며, 자식의 정당한 비판도 수용해야 하기 때문이다.

이런 두려움은 결국 자식들을 무기력하게 만들었으며, 이로 인해 뮤리엘의 형제들은 아무도 직업을 갖지 못하고 종일 텔레비전을 보며 먹는 일만 할 뿐이다.

이러한 가족들의 무기력한 상태는 황폐한 뮤리엘의 정원을 통해 상징적으로 나타난다. 정원은 방치된 채 잡초가 가득하고 마구 웃자라 있다.

뮤리엘이 아버지의 그늘에서 벗어난 계기는 론다와의 만남이었다. 론다는 자유롭게 사는 여성으로 뮤리엘에 대해 편견이 없고, 뮤리엘에게 결단력과 자신감을 불러일으키는 역할을 한다.

그러나 뮤리엘은 여전히 아버지로부터 벗어날 수 없었다. 물리적으로 아버지의 그늘을 벗어나기는 했지만, 가부장제라는 울타리를 벗어나지는 못했기 때문이다.

그녀는 좋은 집안의 남자에게 만인의 부러움을 받으며 결혼해야 한다는 가부장제가 만들어놓은 편견에 여전히 집착하고 있다. 그녀는 왕자가 내민 유리구두의 유혹을 떨치지 못하고 위장결혼도 서슴지 않는다. 신데렐라의 이복 언니들이 자신이 잃어버린 구두가 아니라는 사실을 알면서도 유리구두에 발을 내밀어 보듯이 뮤리엘은 자신의 신발이 아님에도 과감하게 자신의 큰 발을 내민다.

그러나 그녀의 발은 너무 커서 유리구두에 맞지 않는다. 다만 유리구두에 자신의 발을 억지로 밀어 넣어 뒤뚱거리며 자랑스럽게 걸었을 뿐이다. 게다가 신데렐라의 유리구두는 보기는 좋지만 신고 다니기에는 너무나 불편하다.

뮤리엘이 유리구두가 자신에게 절대로 맞지 않음을 깨닫게 되는 계기는 어머니의 죽음이다.

그녀는 아버지가 자신에게 부당하게 대했다는 것을 비난하면서도 한편으로 자신 또한 어머니를 아버지가 대하는 방식으로 대했음을 깨닫게 된다. 아버지는 사실 자신의 도덕적인 우위와 능력의 우월성을 과시하기 위해 계속 자식들의 문제를 모두 아내의 탓으로 돌렸고, 자식들도 모두 어머니에게 책임을 전가해왔던 것이다.

어머니의 장례식이 끝난 뒤 뮤리엘은 위장결혼 생활을 정리한다. 그녀는 이제 유리구두를 과감히 던져버리고 맨발로 걷는 한이 있더라도 자신의 길을 가기로 결정한 것이다.

그리고 불타버린 정원에서 아버지와 마주 서게 된다. 이때 뮤리엘은 더 이상 아버지 앞에서 우물쭈물하거나 야단맞을까봐 위축된 모습을 보이지 않는다. 그녀는 어머니 대신 집안을 이끌어가라는 아버지의 제안을 거절하며 "우리는 무용지물이 아니에요. 우리를 쓸모없는 인간이라고 하지 말아요"라고 당당하게 말한다.

그녀는 드디어 자신의 마음속에 자리 잡은 아버지의 그늘을 벗어나 자신을 존중하는 힘이 생긴 것이다.

그러나 그녀의 말은 남성 중심의 사회를 향한 항변이기도 하다. 남성들의 잣대로 자신들의 우열이 가려지고, 열등한 쪽에 분류된 여성들의 절규인 것이다.

풀 몬티
가부장제하에서 상처받은 남자들

그리스 신화에서 가장 남성다운 영웅 헤라클레스

그리스 신화에서 가장 남성다운 남성이라면 헤라클레스를 꼽을 수 있다. 신화 속에서 그는 남성다움이 지나쳐 매우 거칠고 사나운 인물로 그려진다.

어린 시절 음악선생이었던 리노스가 악기를 제대로 다루지 못한다고 야단치자 화를 참지 못해 칠현금으로 스승의 머리를 내리쳐 죽게 했다. 또한 젊은 시절 메가라 공주와 결혼했지만, 술에 취해 격분해서 아내와 세 아이를 자기 손으로 살해한다. 그리고 적과의 결투에서도 어떤 타협도 하지 않고 앞을 가로막는 적은 잔인하게 죽인다.

그런 점에서 그는 영화 속 람보와 비슷하다. 람보는 어떤 임무가 주어지더라도 거칠고 난폭한 방법으로 베트남의 정글과 아프가니스탄의 내전 현장을 뛰어다니며 앞에 놓인 적을 전멸시키기 때문이다.

람보가 언제나 불가능한 임무를 수행하듯이, 헤라클레스도 미케네의 왕인 에우리스테우스로부터 12가지 임무를 부여받는다. 모두 인간의 능력으로는 해결할 수 없는 것들이었다.

그는 사나운 사자를 힘센 팔로 목 졸라 죽이기도 하고, 스팀팔로스 호수에 사는 무서운 새떼를 퇴치하기도 한다. 그의 임무 중에는 여자들로만 구성된 아마존족의 여왕인 안티오페의 혁대를 빼앗아 오는 것도 있었다. 그는 혁대를 가져오는 대가로 50명의 아마존 여자들과 연달아 잠자리를 하게 된다.

모든 임무를 수행하고 편안히 쉴 때쯤 헤라클레스는 다시 격정 때문에 친구인 이피투스를 죽이고 만다. 아버지인 제우스도 이번만은 용서할 수 없어 아들에게 리디아의 여왕인 옴팔레의 밑에서 노예생활을 할 것을 명한다.

그곳에서 헤라클레스는 남성다운 남성이 가장 부끄러워하는 행동을 강요받게 된다.

옴팔레는 헤라클레스의 상징인 사자가죽을 빼앗아 입고, 헤라클레스에게는 자신의 옷을 입도록 한다. 근육질의 남성인 그는 치렁치렁하게 늘어진 여성의 옷을 입고, 부엌일 등 여성들이 하는 일을 해야 했다. 또한 털실을 짜고 옷감을 짓는 일까지 하게 된다.

헤라클레스는 3년간 이런 수모를 견뎌내고, 데이아네이라와 결혼하여 3년간 평화롭게 살게 된다.

🎬 살기 위해 스트립쇼에 나선 여섯 명의 남자

〈풀 몬티〉는 영국 요크셔 지방의 철강 도시 셰필드를 홍보하는 영화로 시작된다. 셰필드는 산업의 요지이고, 항상 재미있는 일이 넘치는 곳이라는 과장된 찬사가 홍보영화의 내레이션으로 흘러나온다.

하지만 이 홍보영화는 20년 전 셰필드의 모습일 뿐 현재는 불황이라는 암울한 그림자가 드리웠다. 셰필드가 내리막길로 치달을 수밖에 없었던 이유는 노동조합과 타협하여 복지국가를 건설한다는 이념에 등을 돌린 철의 여인 마거릿 대처의 10년간의 정책 때문이다.

대처는 되도록 국가 개입을 축소하고, 소비문화를 촉진해서 경제적 외형을 키우겠다는 정책을 추진했다. 이로 인해 서비스산업에 기반을 둔 영국의 남동부는 번성할 수 있었지만, 전통산업 지역인 영국 북부와 스코틀랜드는 소외되고 쇠락의 길로 들어서게 된다.

쇠락한 셰필드에는 이제 과거의 활기가 사라지고 실업자만 넘쳐나게 된다.

실직한 철강노동자인 가즈는 친구 데이브, 아들 네이선과 함께 자신이 다니던 공장에 고철을 훔치러 들어간다. 그런데 도둑질도 실패하고 우연히 노동자회관에서 열린 남자 댄서들의 누드쇼를 훔쳐보게 된다. 여성관객들이 누드쇼를 보면서 열광하는 장면을 보고 이들은 더욱 자신들의 처지를 비참하게 생각한다.

현재 가즈는 이혼한 아내에게 아들의 양육비를 대지 않으면 양육권마저 뺏길 형편이다. 또 뚱뚱한 데이브는 이제 아내와 잠자리를 하지 못하는 성기능 장애를 가지고 있는 상태다.

이들은 습관적으로 직업소개소에 모여 앉아 자신들의 신세를 한탄하지만, 지금의 처지를 바꿀 수 있는 희망은 보이지 않는다.

여기에는 가즈의 직장상사였던 제럴드도 끼여 있다. 제럴드는 6개월 전부터 실업자 상태였지만, 아내에게 자신이 실직한 사실을 숨기고 있다. 태평한 그의 아내는 남편과 함께 스키를 타러 갈 꿈에 젖어 있다.

이들은 어떻게 하면 돈을 벌까 고민하다가 결국 자신들이 스트립쇼를 하기로 마음먹는다. 이때 자살을 시도한 롬퍼도 합류하게 된다.

이들 중 그나마 춤을 출 수 있는 사람은 제럴드뿐이지만, 그는 스트립댄스가 아니라 볼룸댄스를 추는 사람이다. 또한 그는 형식과 체면을 중요시하는 사람이기 때문에 그들에게 춤을 가르쳐 준다는 것이 내키지 않는다.

하지만 가즈는 집요하게 제럴드를 설득하고, 결국 이들은 나머지 단원을 뽑기 위한 오디션을 열게 된다. 그러면서 젊은 시절 춤을 잘 추었던 흑인 호스와 춤 실력은 별 볼 일 없지만 몸 하나만 믿고 사는 가이가 합세한다.

그런데 데이브는 자신이 뚱뚱하다는 사실 때문에 남 앞에 나서기를 꺼리고 중도에 그만둔다. 하지만 아내의 격려로 힘을 얻는다.

여섯 명은 본격적으로 춤을 배우기 시작하고, 연습 삼아 옷을 벗어 보지만 매우 쑥스러울 뿐이다. 마을에 철강노동자들로 스트립댄스팀이 구성되었다는 소문이 나고, 동료들은 질시와 이해의 상반된 태도를 보인다.

이들은 마지막으로 텅 빈 철강공장 안에서 리허설을 하지만, 풍기문란으로 전부 잡혀간다. 그 와중에 롬퍼와 가이는 서로에게 동성애의 감정을 느끼게 된다.

이런 소동 속에서 공연 날짜가 돌아온다. 스트립쇼에 대한 소문이 온 마을에 퍼져 많은 여성이 표를 구입한 까닭에 공연을 진행해야 하는 상황이다. 모두 무대에 나갈 준비를 하는데 그간 가장 적극적이었던 가즈가 제일 망설이는 모습을 보인다. 그 이유는 여자뿐 아니라 남자 관객도 많이 보러왔기 때문이다.

단원들이 무대에 올라서고 난 뒤 얼마 지나고 나서야 가즈는 끝까지 책임을 져야 한다는 아들의 말을 듣고 무대에 등장한다. 여섯 명은 공연이 정점에 올랐을 때 걸친 것을 모두 벗어버렸고, 관객들은 환호를 하고 그들의 춤에 박수를 보낸다.

무너지는 가부장제하에서 상처받는 남성들

여성이 의료계, 법조계, 과학 분야 등 과거 남성이 독점하던 직업에 많이 진출했다고 하지만, 철강산업은 여전히 여성들이 진출하는 데 어려움이 있다. 철강산업은 노동집약적인 산업이므로 남성의 육체적인 힘을 필요로 하고, 노동 강도가 매우 높기 때문이다.

따라서 철강산업은 어떤 면에서 남성의 독점적인 영역 또는 남성성 자체를 의미한다.

셰필드는 과거 철강산업으로 번영을 누렸던 도시다. 그 이면에는 남성의 힘이 그만큼 많이 필요했고, 이때 남성들은 자신의 성에 대한 자부심을 가졌을 것이다.

그러나 철강산업의 붕괴로 몰락한 셰필드라는 도시의 이미지는 힘을 잃게 된 현대사회의 남성성을 상징한다. 남성들이 가진 육체적인 힘을 필요로 하는 곳이 적어지게 되면 남성들은 이제 여성보다 나은 점이 없으며, 자신의 성에 대한 자부심을 가질 수도 없는 것이다.

"여자가 서서 오줌을 누면 남자는 이제 다 끝난 거야."

"이제 남자의 유전자는 변할 거야. 그리고 남자는 사라질 거야. 동물원에나 남아 있겠지. 이용 가치가 없으니까, 공룡처럼 사라지는 거지."

위의 대화는 가즈와 데이브가 몰래 훔쳐본 스트립쇼장의 화장실에서 한 여자가 장난스럽게 서서 오줌을 누는 것을 보고 나서 직업소개소에서 한 말이다. 이 대화 속에는 현대 남성들이 갖고 있는 정체성의 혼란뿐 아니라, 경쟁사회에서 탈락한 남성들의 위기의식이 담겨 있다.

남성이 사회의 중심이고 여성은 하위집단으로서 그들에게 복종할 때 남성들은 자신들의 문제를 직시하지 않았다. 남성은 모든 것이 옳다고 인정받았고, 여성의 모든 부분은 부정되었다.

그러나 현대에 들어서면서 남성성의 한계가 드러나고 가부장제가 흔들리기 시작하면서 남성들도 새로운 자각을 하게 된다. 바로 남성

중심의 사회, 또는 가부장제의 가장 큰 희생자는 여성뿐 아니라 남성도 예외일 수 없다는 것이다.

남성중심의 사회가 오랜 세월 지속되다 보니 여성의 역할이 과소평가되었듯이, 반대로 남성의 역할은 과대평가되어 왔다. 사실이 과대평가되면 결국 능력 이상의 부분은 허상으로 채워질 수밖에 없다. 거짓말, 허풍, 허세, 폭력적인 자기주장, 상대방에 대한 평가절하, 비밀 등등이다. 이런 방법을 통해 남성들은 자신의 왕국을 건설하고 유지했던 것이다.

그러나 왕국이 무너지면서 베일이 점점 걷히고 남성중심의 사회가 여성뿐 아니라 남성 자신에게 어떻게 피해를 끼쳤는지 조금씩 드러나기 시작했다. 그런 관점에서 〈풀 몬티〉에 등장하는 여섯 명의 주인공은 남성중심의 사회라는 거품이 걷히고 난 뒤 남성들에게 남은 상처를 보여준다.

주인공인 가즈는 이혼한 상태에서 자녀양육권마저 뺏긴 상태이며, 친구 데이브는 성기능장애를 겪고 있고, 제럴드는 자신의 실업상태를 몇 개월째 아내에게 숨기고 있다. 이들 세 명의 문제가 현재 남성들이 겪고 있는 문제를 가장 대표적으로 보여주고 있다고 할 수 있다.

이 영화에서 소위 가장 '남성다운 남성'은 가즈라고 볼 수 있다. 그는 아들의 감정은 아랑곳하지 않고 폐허가 된 철강공장에 고철을 훔치러 들어가고, 가족을 돌보지 않아 아내에게 버림을 받는다. 그렇다고 그가 직장을 구하기 위해 열심히 뛰어다니는 것처럼 보이지도 않는다. 단지 직업소개소에서 동료들과 죽치고 앉아 잡담을 하며 시간을 보낼 뿐이다.

이런 그의 모습은 전형적인 가부장적인 남성의 모습이라 할 수 있다. 가부장제하의 남성들은 자신 이외에 다른 사람의 감정은 별로 고려하지 않는다는 특징이 있다. 여기에는 남성은 단지 가족의 경제적인 문제만 해결해주면 된다는 심리가 깔려 있다. 그래서 이런 유형의 남성에게 가정은 직장에서 지친 몸을 이끌고 들어가 잠을 자는 곳이라는 의미 이상은 아니다. 남성다운 남성일수록 가족에 대한 배려나 친밀감이 없다.

그리스 신화에서는 헤라클레스가 광기 상태에서 아내와 자식을 모두 죽인다. 이것은 가부장제하에서 흔히 생기는 남성들의 친밀한 가족관계의 상실을 상징하고 있는 것이다. 또한 남성다운 남성에게 가족은 인생에서 그리 중요한 위치를 차지하지 못하기 때문이다.

가장 남성적인 모습을 보여주는 서부영화를 보면, 주인공은 악당을 물리친 뒤 사랑하는 여인이 붙잡아도 뿌리치고 외롭게 말을 타고 떠나는 모습을 흔히 볼 수 있다. 왜냐하면 여성과 오랫동안 친밀한 관계를 맺을 수 있는 감정을 갖고 있지 못하기 때문이다. 그래서 말을 타고 떠나는 카우보이의 뒷모습은 항상 외로워 보인다.

이제 남성중심의 사회에서 남성다운 남성의 설 자리가 없어지면서 버림받는 남성들이 늘어나기 시작했다. 그동안 경제력이 남성에게 집중되었을 때는 다른 가족들은 숨을 죽이고 참고 지내왔다. 하지만 여성의 사회 진출이 활발해지고, 여성의 경제력이 커지면서 가족

🏛 헤라클레스의 광기 🏛
마드리드 크라테르 | 기원전 350년경 | 마드리드 고고학 박물관

과 친밀한 유대관계가 없는 남성들은 결국 가족 밖으로 밀려나게 되었다.

하지만 가부장제하에서 어린 시절부터 감정을 소홀히 하며 자란 남성들이 갑작스럽게 감정적인 친밀감이 생길 리 없다.

그래서 〈풀 몬티〉의 가즈는 가정에서 쫓겨난 채 돈을 벌기 위해 스트립쇼까지 하려고 한다. 이제 그에게 남아 있는 가족과의 끈은 아들밖에 없는데 양육비를 대지 않으면 아들도 잃게 되기 때문이다. 그는 이 끈을 붙잡기 위해서 남성사회에서 매장될 각오를 하고 있는 것이다.

헤라클레스가 안티오페의 혁대를 가져오기 위해 치른 대가는 수십 명의 여성과 상대하는 것이었다. 이 이야기는 남성들이 가지고 있는 성적인 능력에 대한 환상을 과장되게 표현하고 있다. 또한 남성다운 남성에게 필수적인 요소는 바로 성적인 능력이라는 점도 나타내고 있다.

하지만 가즈의 친구인 데이브는 아내와 성관계를 갖지 못한다. 그는 이로 인해 항상 열등감에 사로잡혀 있고, 매사에 자신감이 없다. 남성들에게 성적인 불능상태는 치명적인 결함으로 인식되고, 죽음과 같이 받아들여지기 때문이다.

눈이 퇴화된 곤충이 더듬이를 통해 외부세계를 지각하고 이에 의지해서 살아가듯이, 남성은 성기를 통해 모든 것을 느끼고 또 모든 것을 표현한다. 그래서 남성은 자신의 자부심, 두려움, 분노, 미움 등의 감정을 성기를 통해 느끼고 표현한다. 이유는 감정을 느껴야 할

유피테르와 안티오페
장 밥티스트 마리 피에르 | 1745년~1749년경 | 프라도 미술관

기관인 가슴이 어린 시절부터 퇴화되기 때문이다.

남성은 어릴 때부터 다른 사람과의 공감능력보다는 어떻게 다른 남성과 경쟁해 이길 수 있는지를 교육받는다. 사회적인 성취를 위해 지적능력은 필수적이다. 따라서 남성에게 제일 중요한 것은 머리와 성기뿐이다. 가슴은 배제된 채 머리로 생각하고, 성기로 느끼게 되는 기형적인 모습이 될 수 있는 것이다.

하지만 이런 성기의 기능은 외부세계를 지각하는 데만 집중되어 있다. '어떻게 하면 여성을 만족시킬 수 있을까?', '어떻게 하면 나의 능력을 남들로부터 인정받을 수 있을까?' 등등이다. 그러다 보니 감정은 억압되고 소외될 수밖에 없다. 이로 인해 인간이라면 가지고 있는 두려움, 불안, 외로움의 감정은 점점 표현되지 못하고 쌓이게 된다. 또한 이런 감정은 남성이 가져서는 안 되는 것처럼 교육을 받는다. 남성은 항상 강해야 하는데 이런 약한 감정은 여성적으로 느껴지기 때문이다.

이런 감정이 쌓이다보면 남성은 자신의 더듬이를 통해 여성에게 자신의 약한 모습이 전달되지 않을까 하는 두려움을 갖게 된다. 따라서 남성들은 자신의 더듬이를 접어버리거나, 무의식적으로 더듬이를 약화시켜 더 이상 여성과의 접촉을 피하게 되는 것이다.

그래서 성기능 장애를 치료하는 데 가장 필요한 것은 성적 테크닉이 아니라, 자신 안에 존재하는 자신의 무기력감과 무능함을 돌아보고 이것을 드러내는 것이다.

몇 개월째 아내에게 실직을 숨겼던 제럴드는 스트립쇼에 출연하면서 또 다른 성적인 문제를 드러낸다. 그는 젊었을 때 수영장에서 여성을 보고 자신의 성기가 흥분되는 것이 들킬까봐 물속으로 뛰어들었던 기억을 간직하고 있다. 그래서 그는 혹시 다른 사람 앞에서 이런 모습을 들키는 것은 아닐까 하는 두려움 때문에 스트립쇼에 참여하는 것을 주저하게 된다.

특히 제럴드처럼 사회의 규칙에 순응하고 체면을 중요시하는 사람에게 남성의 성은 다른 측면을 가진다. 현대를 살아가는 문명화된 시민으로서 남성의 성기는 점잖지 못하고, 원시적이며, 본능적이라는 것을 상기시킨다. 어떤 남성은 이런 자신의 본능적이고 공격적인 측면을 드러내는 성에 대한 두려움을 가지기도 한다.

또한 성관계가 상징하는 상대방에 대한 침범이라는 호전적인 측면 때문에 성기능 장애를 보이는 경우도 있다. 이것은 자신이 가진 공격적인 면으로 인해 혹시 여성에게 피해를 주는 것은 아닌가 하는 두려움 때문이다.

제럴드가 아내에게 자신의 실직을 숨겼던 것은 또 다른 남성의 감정적인 소외를 보여준다. 그는 빚을 내서 몇 개월째 생활하면서도 아내에게 자신의 체면이 구겨질까봐 실직한 사실을 숨기고 전전긍긍한다. 결국 그는 불어난 빚으로 인해 모든 재산을 압류당하고 아내로부터 쫓겨나게 된다. 제럴드가 자신의 실직 상태를 털어놓지 못한 것은 그가 아내와 진정으로 친밀한 관계를 유지하지 못했다는 사실을 반증한다.

그가 정해진 룰에 따라 춤을 추는 볼룸댄스에 심취했다는 것을 통해 내용보다는 형식을 중요시하는 인물이라는 점을 알 수 있다.

사실 남성들은 사회적인 형식이나 겉치레에 더 집착하는 경향을 보인다. 왜냐하면 남성들은 어린 시절부터 사회적인 지위, 좋은 학벌, 번듯한 직업, 명예를 얻어야 성공한 삶을 살 수 있다고 배우기 때문이다. 따라서 사회적인 직함을 떼놓고 남성을 이야기할 수는 없다. 그리고 이런 사회적인 지위나 계급이 박탈되는 실직상태는 곧 남성에게 '이 세상에 존재하지 않는', '아무것도 아닌' 상태가 되는 것을 의미하기도 한다.

특히 형식을 중요시하는 제럴드에게 실직은 더욱 치명적일 수밖에 없다. 사회적인 지위가 없다는 것은 그를 더욱 비참하게 만들었으며, 아내에게 그런 사실을 숨길 수밖에 없는 것이다. 그는 이런 상황을 숨기느라 더 큰 정신적인 부담을 감수할 수밖에 없었다.

페르소나의 억압에서 벗어났을 때 느끼는 자유로움

롬퍼와 가이는 스트립쇼를 준비하던 중 동성애를 느끼게 된다.

동성애의 옳고 그름에 대한 논란을 떠나 인간세상에는 현실적으로 동성애가 존재하고 있다.

동성애가 사회적으로 많은 비난과 불이익을 받음에도 불구하고 존재한다는 사실은 사회적으로 습득될 가능성은 매우 적다고 볼 수 있다. 인간의 특성 중 하나는 사회적인 지위가 하락하거나 불이익을 받는 집단에 자의적으로 속하려 하지 않는 것이기 때문이다. 그래서 현재 동성애는 선천적으로 타고난 개인의 기질적인 영향으로 보는 관점이 지배적이다.

동성애에 대한 비난은 여성보다는 남성, 특히 남자다운 남자들에게서 가장 심했다. 남자의 권위를 추락시키는 더럽고 추악한 행위라고 규정지었으며, 이로 인해 많은 사람이 고통을 당해왔다.

그동안 남성들은 남성 동성애자들에게 같은 남성 또는 같은 인간이라는 동료의식을 잊곤 했다. 성의 취향이 다르다고 해서 지나치게 매도하고 탄압을 가한 것이 사실이다.

〈풀 몬티〉의 주인공들은 옷을 벗을 준비를 하면서 자신들이 아무런 근거 없이 탄압했던 동료를 받아들이게 된다. 어쩌면 영화 속의 동성애는 실제의 동성애가 아니라, 항상 경쟁만 해야 했던 같은 남성을 진정한 동료로 받아들인다는 의미일 수도 있다.

헤라클레스가 용맹함을 상징하는 사자가죽을 벗고 여성의 옷으로 갈아입었을 때 그는 마침내 무모한 모험에서 벗어날 수 있었다. 남성다움을 벗고 여성적인 부분과 동화할 수 있었기 때문에 그의 지나친 남성다움은 진정되고, 아내인 데이아네이라와 3년간 평화롭게 살 수 있었다.

사실 그의 모험은 매우 애처롭기까지 하다. 모든 남성이 그렇듯이 사회가 준 임무를 수행하기 위해 자신의 목숨을 건 모험을 해야 하며, 임무가 끝나면 다른 임무가 주어지는 쳇바퀴 같은 인생을 살아야 한다. 그래서 옴팔레는 헤라클레스에게 여성적인 일을 시킴으로써 남성다움으로 인한 상처를 치료해주고자 했던 것이다.

그런 관점에서 여섯 명의 남성들이 스트립쇼를 한다는 것은 이제 자신의 모든 옷을 벗어야 한다는 의미다. 옷은 '페르소나'를 상징한다. 남자들이 가지고 있는 '남자다움', '체면', '성적인 능력에 대한 집착', '허세와 권위'를 모두 벗는다는 의미다.

물론 이들이 이런 페르소나를 벗기까지에는 여러 가지 어려움이 많이 있었다.

인간이 어느 순간 페르소나를 벗게 되면 자신이 도대체 어떤 존재인가 라는 두려움에 빠지기 때문이다. 또한 가장 두려운 것은 자신의 육체를 보게 될 여성이 아니라 동료 남성들의 시선이다. 동료 남성들에게 받게 될 비난과 경멸, 사회적인 고립이 제일 큰 장애물이기 때문이다. 그래서 가즈는 스트립쇼를 보러온 관객들 중에 남자가 많다는 것을 알고 무대에 오르는 것을 주저하게 된다.

헤라클레스가 여성의 옷으로 바꿔 입었듯이, 이들은 빨간색 팬티로 바꿔 입는다. 그리고 옷을 하나하나 벗어버림으로써 통쾌함을 느끼게 된다. 어린 시절부터 걸치고 있던 옷들의 무게가 너무 무거웠기 때문이다. 이 옷은 남성들을 짓눌렀으며, 그들에게 제일 필요한 감정을 계속해서 억압해왔다. 마치 헤라클레스가 사자가죽 뒤에 숨어 항상 용감한 척했던 것처럼 옷 뒤에 숨어 남자답고 강한 척하며 살아온 것이다.

어설픈 여섯 명의 스트립댄서는 과거 노동운동의 상징이었던 붉은 깃발 대신 입은 빨간 팬티마저 벗어던지고 알몸으로 관객들과 마주선다.

이때 관객 모두 그들에게 환호성을 보낸다. 여성들은 남성다움이라는 허식을 벗은 진정한 한 인간을 볼 수 있었으며, 남성들은 자신이 벗지 못한 남성다움의 무게를 벗어버린 동료에게 대리만족을 느꼈기 때문이다.

트루먼 쇼
울타리 밖의 자아를 찾아서

🎬 신의 울타리를 벗어나 혼란의 세상에 떨어진 인간

유대교 경전인 《탈무드》에서는 아담이 이브를 맞이하기 전 릴리스라
는 한 명의 아내가 더 있었다는 사실을 기록하고 있다. 하지만 그 기
록은 구약의 창세기에서 삭제되고 만다.

이브는 아담의 갈비뼈에서 탄생했지만, 릴리스는 아담과 마찬가
지로 흙으로 만들어졌다.

그러나 릴리스는 아담에게 복종해야만 하는 여성의 역할을 견딜
수 없었다. 릴리스는 자신도 아담과 마찬가지로 흙에서 태어났기 때
문에 아담과 동등하다고 생각했기 때문이다. 결국 둘은 다툼이 잦아
졌고, 릴리스는 에덴동산에서 도망쳐 아담을 떠난다.

아담은 신에게 릴리스가 돌아오게 해달라고 기도했고, 신은 릴리

스에게 다시 아담의 곁으로 가도록 명령을 내렸다. 그리고 만약 명령을 어기면 매일 수많은 아이를 낳고 그중 백 명씩 죽이겠다고 엄포를 놓는다. 그러나 릴리스는 이런 위협에도 굴복하지 않았고 많은 자식을 잃게 된다.

그 후 릴리스는 악의 화신이라는 오명을 얻는다. 남편인 아담과 신에 대한 불복종, 게다가 자신의 자유를 위해 자식을 희생한 어머니라는 이유에서였다. 심지어 릴리스는 자식의 희생에 대한 앙갚음으로 세상의 아이들에게 복수를 하기 위해 밤에 남자를 유혹하고 특히 갓 태어난 아이들을 죽이려고 떠돌아다니는 악마로 폄하되었다.

철저히 남녀평등을 주장한 태도 때문에 릴리스는 창세기의 첫 번째 여성이라는 권리를 박탈당하고 괴물 또는 모든 악마의 어머니로 기록되었다.

아담은 다시 한 번 자신의 동반자를 달라고 신에게 기도했다. 릴리스가 아담과 동등한 권리를 주장했던 이유가 그녀도 흙으로 만들어졌기 때문이라고 생각한 신은 이번에는 아담의 갈비뼈로 이브를 만들었다. 결국 이브는 아담에게 복종하고 순종하기 위해 태어났던 것이다.

아담과 이브는 에덴동산에서 근심 없이 행복하게 살 수 있었다. 노동과 경쟁이라는 피곤한 인생사에서 벗어나 매일 먹고 놀면서 지낼 수 있었다. 이들이 단 한 가지만 지켰더라면 인간은 에덴동산에서 영원히 편하게 살 수 있었을 것이다.

신이 유일하게 금지한 사항은 선악과를 따먹지 말라는 것이었다.

🏛 아담과 이브 🏛
루카스 크라나흐 | 1526년 | 코톨드 미술관

아담과 이브에게 편안하고 안락한 생활이 보장되었지만, 이런 생활이 반복되면서 이들은 지루함을 느꼈는지 뱀으로 상징되는 악의 유혹에 빠지게 된다.

처음 뱀에게 유혹을 받은 것은 이브였다. 그녀는 처음에는 거절했지만, '도대체 선악과는 어떤 맛일까? 열매를 먹고 나면 어떤 결과가 생기는 것일까? 왜 신은 선악과를 금지한 것일까?'라고 선악과 생각에 집착하게 된다.

계속되는 이브의 권유 때문에 아담은 마침내 선악과를 따먹게 되고, 이들은 에덴동산에서 쫓겨난다. 이때부터 아담은 노동을 통해 먹고살아야 했고, 이브는 출산의 고통을 겪게 되었다.

🎬 달콤한 안락보다는 험난한 행복을 선택한 트루먼

29살의 트루먼 버뱅크는 씨헤이븐이라는 그림 같이 아름다운 섬에서 살고 있다. 그에게는 아름다운 아내가 있고 석양을 바라보며 맥주를 같이 마시는 절친한 친구도 있다. 직급은 높지 않지만 안정된 직장의 회사원으로 평범하게 살아간다.

그러나 그에게도 상처는 있어 어린 시절 아버지와 함께 요트를 타고 바다로 나갔다가 아버지를 잃은 아픈 과거가 존재한다.

그는 이로 인해 물에 대한 공포증이 생겨 어린 시절 가졌던 탐험가의 꿈을 접을 수밖에 없게 된다. 그래서 그는 씨헤이븐이라는 섬에서 한 발짝도 떠나지 못한다.

그가 살고 있는 씨헤이븐은 지상낙원이라고 볼 수 있다. 씨헤이븐에는 장난감처럼 예쁜 집들이 늘어서 있고, 이웃은 항상 그에게 친절하며, 파란 하늘 사이로 언제나 따뜻한 햇볕이 내리쬐며, 그림 같은 해변이 들어서 있다.

지극히 평범하고 편안한 삶을 살고 있던 트루먼에게 이상한 일이 생기기 시작한다. 대학 시절 우연히 실비아라는 여성을 만나게 되고, 그녀에게 사랑을 느낀다. 그런데 그 여성이 "당신이 살고 있는 도시는 꾸며진 도시이고, 당신의 삶은 텔레비전 드라마"라고 말한 것이다. 그녀는 이곳을 탈출해서 자신을 찾아오라는 마지막 말을 남기고 아버지라고 하는 사람에게 끌려간다.

실제로 트루먼은 태어나자마자 방송국에 입양되어 거대한 인공세트 안에서 키워졌다. 또한 그가 부모라고 생각했던 사람뿐 아니라 어린 시절부터 친했던 친구, 같이 살고 있는 아내도 배우였다. 그리고 그의 모습은 그의 집, 자동차, 거리, 직장에 숨겨져 있는 몰래카메라를 통해 전 세계로 방송되고 있었다.

그는 자신의 의도와 전혀 상관없이 지금까지 주연배우의 역할을 하고 있었던 것이다.

트루먼은 결혼 후에도 실비아를 잊지 못해 항상 피지로 그녀를 만나러 가는 꿈을 갖고 산다. 그리고 점차 자신의 삶이 뭔가 조작되어 있음을 느끼고 마침내 씨헤이븐은 거대한 텔레비전의 세트라는 사실을 알게 된다. 그래서 탈출을 시도하지만 실패하고 만다. 그의 탈출을 막기 위해 죽었던 아버지를 등장시켰기 때문이다.

그래도 탈출하겠다는 꿈을 버리지 못한 트루먼은 결국 요트를 타고 씨헤이븐을 빠져나가려고 한다. 그러나 그를 감시하는 5000여 개의 몰래카메라가 그가 있는 곳을 곧 발견한다.

그가 방송국에 입양되면서 29살이 될 때까지 '트루먼 쇼'를 만든 연출가인 크리스토프는 겁을 줘서 트루먼을 섬으로 돌아오게 하려고 한다. 인공파도가 작동하고, 트루먼은 익사 직전까지 가게 된다. 그 모든 난관에도 트루먼은 거대한 인공세트의 끝에 다다른다. 그는 마침내 세상으로 나갈 수 있는 비상구 앞에 선다.

이때 제작자인 크리스토프는 트루먼에게 "인공세트 밖의 생활은 씨헤이븐처럼 안락하지 않으며, 범죄와 불행이 도사리고 있다"고 경고하며 섬에 머물기를 종용한다.

그러나 트루먼은 비상구를 열고 조작되지 않고 누구의 지배도 받을 필요가 없는 세상으로 과감히 걸어나간다.

이브의 후손인 우리 모두의 내면에는 자율성이 존재한다

〈트루먼 쇼〉의 줄거리는 '아담과 이브'의 이야기와 매우 흡사하다. 영화 속에서 트루먼 쇼의 연출자였던 크리스토프는 에덴동산을 만든 신과 같은 위치에서 트루먼의 운명을 좌우했다.

그는 씨헤이븐이라는 인공세트를 지상낙원으로 꾸며놓고, 트루먼에게 아름다운 아내와 좋은 직장, 그리고 자상한 부모를 제공했다. 사실 트루먼에게는 부족한 것이 없었다.

그러나 에덴동산의 선악과처럼 트루먼에게도 금지된 것이 있었다. 인공세트 안에서만 살아야 하며, 밖의 세상에 대해 관심을 가져서는 안 된다는 것이다. 트루먼이 어린 시절 가졌던 모험가의 꿈은 바로 선악과에 해당된다고 볼 수 있다.

그래서 그가 에덴동산으로 상징되는 씨헤이븐을 빠져나가려는 꿈을 꿀 때 크리스토프라는 신은 아버지를 빼앗아가는 벌을 내림으로써 그가 다시는 밖의 세상에 대한 흥미를 가지지 못하도록 한다. 섬 밖의 세상은 죽음을 가져올 수도 있는 위험한 곳이라는 인상을 어린 시절의 트루먼에게 심어주었던 것이다.

그러나 에덴동산에서 처음에는 릴리스가, 나중에는 이브가 그랬듯이 신이 정한 규칙을 깨뜨리라고 부추긴 것은 여성이다.

이브가 아담에게 선악과를 따먹으라고 부추겼듯이 영화에서 트루먼은 우연히 만나 사랑에 빠진 여성을 통해 씨헤이븐이 거대한 인공세트라는 사실을 알게 된다. 아담이 처음에는 선악과를 따먹는 것에 주저했듯이, 트루먼은 그녀의 말을 듣고 반신반의할 뿐이다. 그러나 결국 아담이 선악과를 베어 먹었듯이 트루먼은 씨헤이븐이라는 에덴동산을 벗어날 것을 선언한다.

아담과 이브의 이야기는 종교적인 해석을 넘어 심리적인 의미를 던져주고 있다.

성경 속의 에덴동산과 트루먼 쇼의 씨헤이븐이 상징하고 있는 것

아담과 이브의 유혹과 추방

미켈란젤로 | 1508년 ~ 1512년 | 바티칸 시스티나 성당 천장화 중의 일부

은 어린 시절부터 우리를 지배하는 사회제도와 가치관을 상징한다. 우리는 교육을 통해 기성의 가치관에 적응하는 것이 가장 안락하고 편안한 삶을 살 수 있는 길이라고 굳게 믿게 된다. 그러면서 남들과 사회에 자신의 생각을 맞추면서 살아가게 된다.

반면 기존의 가치를 벗어나는 사람은 결국 에덴동산에서 쫓겨나 벌을 받은 아담과 이브의 신세가 된다.

씨헤이븐과 에덴동산은 바로 기존의 가치관을 상징한다. 아담과 이브는 에덴동산에서, 트루먼은 씨헤이븐에서 안락하고 편안한 생활을 누렸지만, 그것은 그들이 스스로 선택하고 노력해서 얻은 삶이 아니었다. 그들은 단지 수혜자일 뿐이다.

사실 우리 삶의 대부분이 기존의 가치관에 순응하고, 자신의 개성을 죽이면서 얻는 것이다. 부모의 기대에 맞추어 대학을 선택하고 직업을 얻고, 사회에서 바라는 이상적인 배우자상에 맞추어 살아간다. 많은 사람이 그러한 선택을 타율이 아닌 자율적인 선택이라고 착각한다. 그러나 이런 선택의 결과는 시간이 흐르며 나타나기 시작한다. 일상이 지루하게 느껴지고, 공허함이 밀려오기 시작한다. 그러면서 문득 자신이 누구인지, 지금 어떤 길로 가고 있는가 하는 의문이 쌓이게 된다.

하지만 수많은 사람이 마음속에 만들어놓은 씨헤이븐과 에덴동산이 갇힌 채 사회가 요구하는 대로 선악과를 먹을 엄두도 내지 못하고 살아간다.

트루먼이 인공세트를 벗어나려고 했던 것은 인간 내면에 존재하는 개성 또는 자유에 대한 열망과 인간이 가진 자율성을 상징한다.

트루먼과 아담이 신으로부터 모든 것을 받고 사는 수동적인 삶에서 벗어나 처음으로 스스로 결정한 것이 바로 씨헤이븐을 탈출하고 선악과를 먹는 일이었다. 신으로부터 주어진 수동적인 삶을 거부하겠다는 인간 의지의 표현이기도 하다.

그래서 트루먼이 씨헤이븐을 탈출하고 난 뒤 험난한 세상에서 살아남아야 하고, 아담과 이브가 스스로 노동을 해야 하지만 이는 슬퍼할 일은 아니다. 왜냐하면 이때부터 인간은 자신의 자유와 자율성을 쟁취할 수 있었기 때문이다.

📽️ 자아를 찾는 길에 가장 필요한 것은 용기

아담과 이브는 선악과를 따먹고 에덴동산에서 쫓겨난 것으로 인간의 자유의지를 수동적으로 드러냈다면, 트루먼은 씨헤이븐을 탈출함으로써 자신의 의지를 적극적으로 드러냈다. 그래서 트루먼의 이야기는 에덴동산보다는 아프리카 에피크족에게 내려오는 이야기와 더욱 흡사하다.

에피크족의 이야기는 성경의 창세기와 흡사하다. 신은 낙원을 만들어 한 쌍의 인간을 살게 한다. 아담과 이브처럼 에피크족 최초의 인간도 먹을거리와 입을 것을 걱정할 필요가 없었다. 인간이 배가 고플 때가 되면 신은 종을 울려 인간에게 밥을 주고, 어떤 불편도 없이 살도록 최고의 보살핌을 주었다.

여기까지 성경과 에피크족의 이야기는 같지만 이후의 이야기는 사뭇 다르다.

에피크족 최초의 인간은 이런 편안함에 점차 지루함을 느끼기 시작한다. 이들은 신에게 종속되어 먹을거리와 입을 것을 해결하는 생활이 너무 재미가 없었기 때문이다. 그래서 이들은 신에게 낙원을 나가겠다고 선언한다.

이들은 이런 결정을 내리기까지 많은 갈등을 했다. 낙원을 나가는 순간부터 먹을거리를 얻기 위해 힘든 노동을 해야 하고, 사나운 짐승이나 위험에 맞서야 하며, 또한 영원히 살 수 없게 되기 때문이다. 이것은 스스로 할 수 있는 자율성을 회복하기 위한 대가치고는 너무 큰 희생이었다.

이들은 오랜 기간 동안 낙원에서 살 것인지 아니면 낙원을 뛰쳐나갈 것인지에 대해 고민을 거듭했다. 식음을 전폐하기도 하고 불면의 밤을 여러 날 보내기도 했다.

신은 점점 야위어가는 인간의 모습을 보면서 왜 종을 울려도 제때 밥을 먹으러 오지 않는지 궁금했다. 어느 날 고민으로 피골이 상접한 한 쌍의 인간이 신에게 만날 것을 요청했다. 한 쌍의 인간은 신에게 "우리는 모든 것이 갖춰진 낙원의 삶은 더 이상 지루하고 답답해서 견딜 수가 없습니다. 이 곳을 나가겠습니다"라고 말했다.

신은 두말없이 그들의 부탁을 들어주었다.

창세기의 인간은 신의 노여움을 사서 낙원에서 쫓겨났지만, 에피크족 최초의 인간은 수없이 갈등을 한 뒤에 스스로 낙원을 탈출하는 용기를 보여준다.

〈트루먼 쇼〉의 이야기는 또 한편으로 지배적인 부모와 자식 간의 관계로도 볼 수 있다.

여기서 아버지는 트루먼을 입양하고 30년 동안 드라마를 이끌었던 연출가 크리스토프다. 그는 트루먼의 의지와 상관없이 자신이 원하는 삶을 아들에게 강요하고 있다. 모험가라는 위험한 일을 하려는 아들을 보호하기 위해 극중 아버지를 익사시키기도 하고, 자신이 진정 사랑하는 여성을 만나려고 하는 트루먼에게 자신이 결정한 배역의 여성을 접근시킨다.

이는 지배적인 성향의 부모에게서 흔히 보이는 모습과 흡사하다.

트루먼이 영화 속에서 자신의 운명이 연출자에 의해 꾸며지고 있다는 사실을 알지 못하듯이 지배적인 성향의 부모들은 자식이 알아차리지 못하게 자식의 운명을 좌지우지하려고 한다.

또한 이런 부모들이 제일 두려워하는 것이 자식이 자신이 설정한 환경에서 벗어나려고 하는 것이다. 그래서 영화에서처럼 자신의 울타리를 벗어나면 얼마나 큰 위험과 불행이 도사리고 있는지 인지하게 하려고 한다. 자식이 자신의 품을 떠나려고 하면 인공파도를 일으킨 크리스토프처럼 자식의 결정을 방해하기도 하고, 의절하겠다는 협박을 하기도 한다.

그러면 자식은 부모의 고생과 정성을 상기하며 부모가 나를 얼마나 고생하며 키웠는데라고 생각하면서 부모의 뜻에 굽히기도 한다.

그래서 지배적인 성향의 부모의 품을 떠나기 위해서는 트루먼이 인공세트를 탈출할 때 아버지인 크리스토프에게 맞섰듯이 커다란 용기를 내야 한다.

우리 삶에서 진정한 자신을 찾기 위해서는 언제나 용기와 의지가 가장 필요하다.

| 제2장 |

시련을 건너는 법

달콤한 인생
달콤한 삶은 없다

완벽한 니오베의 오만이 부른 처절한 비극

그리스 신화에서 탄탈로스는 신들의 왕인 제우스와 요정 플루토의 아들이다. 그리고 그의 딸은 니오베다. 니오베는 테베의 왕비로 남편은 테베의 왕인 암피온이었다. 그는 리라 연주에 매우 능했는데 바위들이 음악소리를 듣고 스스로 움직여 성벽을 쌓을 정도였다.

니오베는 세상에 부러울 것이 없었다. 신의 왕인 제우스의 손녀이고, 남편은 테베의 왕이자 음악가였고, 자신 또한 미모의 왕비였으니 모든 것을 가진 여성이었다. 그러나 그녀의 최고 자랑거리는 따로 있었다. 그녀는 일곱 명의 아들과 일곱 명의 딸을 두었는데, 아들들은 모두 준수하고 용감했고, 딸들은 모두 아름다움과 우아함을 갖고 있었다. 모든 것을 가진 완벽한 그녀의 인생이야말로 달콤한 인생이라

할 만하다.

어느 날 그녀는 레토 여신의 신전 근처로 가게 되었는데, 테베의 여인들이 신전에서 레토 여신에게 공물을 바치고 기도를 하며 경배를 드리고 있었다. 그녀는 이 모습을 보고는 화가 났다. "아니 너희는 레토 여신이 그렇게 경배 받을 대상이라고 생각하느냐? 자식이라고는 겨우 둘 밖에 낳지 못했는데 대체 나보다 나은 게 뭐지? 나야말로 레토보다 더 경배를 받아야 하는데 너희가 단단히 미친 게로구나."

이렇게 니오베가 대노하자 1년에 한 번씩 경배를 드리던 신전에서 사람들이 빠져나가고 이후 레토 신전은 사람은 찾아볼 수 없고 적막함만 감돌았다.

이 사실을 알게 된 레토 여신은 화가 머리끝까지 치밀어 자신의 아들과 딸을 불러들였다. 남매는 제우스와의 사이에서 낳은 쌍둥이로 아폴론은 태양의 신이고, 아르테미스는 달의 신이다. 둘은 모두 사냥에 능하고 화살을 쏘면 백발백중인 재주를 갖고 있었다.

레토 여신은 아들인 아폴론에게 니오베의 아들을 모두 죽이라고 했고, 딸인 아르테미스에게는 딸을 모두 죽이라고 했다. 인간의 오만에 그녀는 가장 잔인한 방법으로 대갚음하려고 했던 것이다. 아폴론과 아르테미스는 어머니를 극진히 위하고 사랑했기 때문에 어머니의 명령이라면 무엇이든 실행했다.

그들은 곧바로 활과 화살을 챙겨서 테베로 날아갔다. 아폴론은 아무런 감정의 동요도 보이지 않고 니오베의 아들들 한 명 한 명의 목이나 가슴에 화살을 쏘았다. 니오베의 아들들은 말을 타다가 혹은 이

륜 전차를 몰다가 또는 다른 형제가 화살에 맞아 쓰러지는 것을 보고 피하려다가 그리고 마지막으로 신들에게 기도를 하다가 기도가 끝나기도 전에 화살에 맞아 죽었다.

니오베는 오열을 하며 일곱 아들의 시신을 수습하면서 울부짖었다. "자식이 나보다 모자란다고 이렇게 비열하게 저주를 퍼붓는 레토여! 그래도 내게는 너보다 다섯이나 더 많은 자식이 남아 있다."

그러나 그녀의 말이 채 끝나기도 전에 아르테미스가 니오베의 딸들에게 화살을 겨누었고 니오베의 딸들도 차례로 화살에 맞아 쓰러졌다. 시신이 된 오라버니를 어루만지고 있다가, 어머니를 위로하기 위해 다가서다가, 너무 겁에 질려 숨으려고 하다가 그리고 죽음을 받아들인다는 듯이 눈을 감고 있다가 죽어갔다.

그러자 니오베는 자신이 입은 망토로 마지막 남은 막내딸을 아르테미스의 화살에서 지켜주려고 했다. "제발 이 애만은 남겨주세요, 제가 잘못했습니다. 이 애만은 살려주세요, 열셋을 데려갔잖아요"라고 울부짖었다. 그러나 이미 그녀의 망토를 뚫고 화살이 박혀 막내마저 숨을 거두었다.

이렇게 열네 명의 아들딸을 잃은 니오베는 실성한 상태로 거리를 배회하다가 결국 바위로 변해버렸다. 그곳에서는 그녀의 눈물인 양 샘물이 끊이지 않고 흘렀다고 한다. 그리고 니오베의 남편 암피온 왕 또한 자식을 잃은 슬픔에 자살을 했다.

니오베는 지나친 교만이 얼마나 커다란 대가를 치러야 하는지 아버지 탄탈로스의 모습을 보며 깨달았어야 한다. 탄탈로스는 한때 올

🏛 탄탈로스의 굶주림의 저주 🏛
지오아치노 아세레토 | 1630년~1640년경 | 오클랜드 미술관

림포스 신들의 총애를 받아 신들만이 먹고 마실 수 있는 불로불사의 음식인 암브로시아와 넥타르까지 먹을 수 있었다. 그런데 그는 신들의 음식을 지상으로 가지고 내려갔다. 이는 금지된 일이었다. 결국 그는 신들의 저주를 받아 복수의 여신인 네메시스가 쫓아와 대가를 치르게 된다.

그는 지하세계의 가장 깊은 곳에 떨어지는 신세가 되었고, 아무런 음식도 먹을 수 없는 벌을 받게 되었다. 그는 목까지 차오르는 물이 가득한 방에 갇혀 있었는데, 목이 말라 물을 마시려고 하면 물이 급격히 줄어들어 소용돌이치며 없어져버렸다. 그리고 포기할 때쯤이면 다시 물이 목까지 차올랐다. 또한 그의 눈앞에는 과일이 주렁주렁 매달려 있었는데 배가 고파서 손을 뻗어 과일을 따려고 하면 그때마다 바람이 불어 과일이 손이 닿지 않는 곳으로 밀려났다. 그는 이렇게 마시지 못하고 먹을 수 없는 신세가 되어 영원한 굶주림과 목마름에 시달리는 벌을 받았다.

🎬 인생은 누구에게도 친절하지 않다

제목과 다르게 비극적인 삶을 보여주는 《달콤한 인생》이란 영화가 있다.

주인공 선우는 조폭 두목인 강사장의 오른팔이다. 선우는 강사장에게 충성을 다한다. 그는 충직한 하인으로 강사장을 위해 자신의 인생을 다 바쳤다고 해도 과언이 아니다. 그런데 한 가지 사건으로 인해 그의 삶이 송두리째 바뀌게 된다. 강사장이 외국으로 나가면서 그에게 자신의 애인을 잘 보살펴주라고 하는데 이는 사실 잘 감시하란 뜻이었다. 선우는 그녀의 보디가드가 되어 따라다니지만, 보스의 애인은 그를 귀찮아한다. 그러던 어느 날 보스의 애인이 다른 남자를 만나는 것을 알게 된다. 그러나 두목에게 사실을 말하지 못한다. 만약 말하게 되면 둘은 분명 죽을 것이기 때문이다.

그렇게 비밀이 깊숙이 묻히는 것 같았지만 강사장이 그 사실을 알게 되고 선우를 죽이라는 지시를 내린다. 선우는 땅속에 파묻혔다 간신히 탈출한다. 그리고 자신의 두목이자 아버지와 같은 존재인 강사장에게 복수를 시작한다. 결국 선우와 강사장이 마주치게 된다.

선우는 강사장에게 권총을 겨누면서 이렇게 말한다. "왜 그러셨어요, 나한테 왜 그러셨냐구요!" 그러자 강사장은 "너는 나에게 모욕감을 줬어"라고 대답한다.

선우는 방아쇠를 당겨 강사장을 죽인다. 아버지처럼 따랐던 보스에 대한 배신감, 버려진 자식 같은 심정으로 보스를 죽인 것이다. 그리고 선우도 결국 죽음을 맞게 된다.

이 영화는 '달콤한 인생'이란 제목과는 달리 비극적인 삶으로 막을 내린다.

우리는 누구나 달콤한 인생을 꿈꾼다. 또한 행복한 인생을 원한다. 하지만 영화 〈달콤한 인생〉처럼 우리 인생은 결코 달콤하지 않다. 오히려 고통스럽고 괴로운 순간이 훨씬 많다. 하지만 많은 사람이 그 사실을 인정하려 하지 않기 때문에 더욱더 삶이 힘겹고 불행하다.

그렇다면 우리 인생은 왜 달콤하지 않은 것일까?

우리는 몸을 가지고 태어난다. 하지만 몸은 수많은 병을 겪게 된다. 어릴 때 소아암으로 고생하는 사람도 있고, 평생 대수술을 수없이 하는 사람도 있다. 또 암을 치료하고 나서 이제 완치됐다고 생각했는데 이후에 재발하거나 다른 암이 걸리는 경우도 많다.

몸이 있기 때문에 병은 자연스럽게 찾아온다. 그런데 우리는 조금만 아파도 우울해진다. '왜 자꾸 아픈거야', '왜 나는 이렇게 남들보다 건강하지 못한 거야', '남들은 멀쩡하게 잘 지내는데 나는 왜 이런거야'라고 우울감이 함께 따라온다.

우리 몸은 내 것인 것 같지만 우리 마음대로 되지 않는다. 자기 멋대로 아프고, 병에 걸리고, 쇠약해지고, 늙어가면서 걸음도 제대로 못 걷게 된다. 또한 치매까지 와서 가족도 알아보지 못하고 대소변도 못 가릴 정도가 되기도 한다. 만약 내 몸이 온전히 내 것이라면 내가 조절하고 통제할 수 있어야 한다. 하지만 몸은 자기 멋대로 아프고, 늙어가고, 결국 우리가 원하는 것이 아님에도 죽게 된다.

그래서 생각을 바꿔볼 필요가 있다. 몸이 아프다고 해서 짜증 낼 필요가 없다. 몸은 몸대로 자기 길을 잘 가고 있는 것이다. 우리는 아프면 아픈 대로 거기에 맞춰서 살아야 한다. 아프다고 자꾸 짜증을 내고, 왜 내 인생은 이 모양이야, 나는 왜 맨날 아픈 거야 라고 비관하고, 몸이 아픈 바람에 여행도 못가고 놀러도 못 다닌다고 원망하면 더욱 우울해질 뿐이다. 더욱이 그렇게 푸념한다고 해서 몸이 좋아지는 것도 아니다. 도리어 그렇게 자신에게 스트레스를 주니 몸이 회복하는 속도가 더 느려지기만 할 뿐이다.

삶은 계획을 잘 세우는 것보다 얼마나 잘 대처하느냐가 더 중요하다. 인생은 계획대로 흘러가지 않기 때문이다. 내가 세웠던 계획을 포기하고 다른 대안을 생각해야 할 때도 많다. 그러다 보면 때로는 원래 세웠던 계획보다 더 좋은 방향으로 흘러가기도 한다.

한번은 텔레비전에 손뜨개의 달인이 된 한 남성이 출연했다. 그는 원래 야구선수였는데 부상을 당해서 야구를 더 이상 하지 못하게 되었을 때 자살을 결심했다고 한다. 그렇게 절망스런 나날을 보내고 있던 중 우연히 어머니가 하는 손뜨개질 가업을 이어받게 되었고 열심히 노력해 그 분야에서 성공을 했다. 그는 이전보다 더 성공해서 행복한 삶을 살고 있었다.

야구와 손뜨개는 전혀 상관이 없어 보이지만 절망의 순간에 또 다른 희망이 그를 찾아온 것이다. 이처럼 우리 각자의 삶은 사전에 예측하기 어렵고 중요한 것은 고비의 순간마다 어떻게 대처하고 헤쳐 나가는가다.

🎬 우리 삶은 복이 한순간 화가 되고, 화가 한순간 복이 된다

우리는 어떤 일을 당할 때면 〈달콤한 인생〉의 선우가 보스를 향해 "나한테 왜 그러셨어요?"라고 원망하듯 신을 향해 질문을 던진다.

"그동안 열심히 당신을 믿으며 착한 일만 하고 살려고 노력했는데 왜 내가 이런 일을 당하게 하시는 겁니까? 왜 내게 이런 시련을 주시는 겁니까?"

하지만 신은 묵묵부답 아무런 대답도 하지 않는다. 선우가 두목이며 아버지 같은 존재인 강사장에게 충성을 다하고 궂은일, 나쁜 일을 도맡아 했음에도 결국 자신을 죽이라는 명령을 내린 것에 배신감을 느꼈듯이, 우리는 안타까운 사건 사고를 보면서 또는 자신에게 닥친 불행 앞에서 선과 악이 정당하게 보상받지 못함에 또는 노력의 대가가 보상받지 못함에 분노한다.

다음은 지인들이 겪은 이야기다.

한 분은 아내가 언젠가부터 기운도 없고, 우울해 보여서 열심히 여행도 함께 가고, 운동도 시켜보고, 이곳저곳 데리고 다녔는데 아내의 기분은 결코 나아지지 않았다고 한다. 그러던 어느 날 사소한 일로 아내에게 화를 냈는데, 아내가 새벽에 스스로 목숨을 끊고 말았다. 그분은 죄책감 때문에 아내를 따라 죽고 싶다고 했다. 아내가 우울증인 것을 왜 몰랐는지 죄책감이 든다고 했다.

그는 여행을 데리고 다니고 바깥 구경을 시켜주면 아내의 기분이 나아질 거라 생각했는데 도리어 우울한 사람을 여기저기 데리고 다녔으니 얼마나 힘들었을까 후회가 되고 자신이 화를 내는 바람에 아내가 자살했다고 생각해서 너무 고통스럽다고 말했다.

또 한 분은 젊은 남성이었는데 아버지가 자살을 했다. 유서에는 아들에게 잘 살라는 말만 적혀 있었다. 그는 아버지가 스스로 목숨을 끊을 때 깊이 자고 있었다. 그래서 그는 자신이 깊은 잠을 자지 않았다면 아버지의 자살을 막을 수 있었을 거라며 눈물을 흘렸다. 그는 너무 울어서 목이 쉬어 말도 제대로 못하는 상태였다.

이렇듯 우리는 우리가 예측할 수 없는 일들로 인해 고통을 받게 되고 절망의 늪에 빠지게 된다. 그래서 누구에게도 순전히 달콤한 인생이란 없다.

니오베의 자식 열네 명이 한순간에 모두 죽었다는 것은 인간의 오만에 대해 경계를 해야 함을 의미한다. 모든 것을 다 가졌던 니오베는 자신의 오만으로 인해 모든 것을 잃고 불행의 나락으로 떨어졌기 때문이다. 그러나 한편으로는 자신에게 소중한 것, 중요한 것이 언제든 자신의 곁을 떠날 수 있다는 사실을 알려준다. 누구나 그런 경우를 당할 수 있으며, 그럴 때 너희 인간은 어찌 해야 하는지 준비를 하라는 의미도 니오베의 신화는 알려주고 있다.

사랑하는 사람의 갑작스런 죽음이 원인이 없을 때, 즉 돌연사 하는 경우 고대 그리스 사람들은 아르테미스의 화살에 맞아서 숨진 것이라고 생각했다. 아무런 이유도 없이 가족이, 친구가, 지인이 죽는 것을 어떤 이유로든 설명하고 싶었던 것이다.

🎬 행복을 놓는 순간 행복은 찾아온다

우리가 불행한 이유를 곰곰이 따져보면 무언가를 바라기 때문이다.

🏛 아르테미스와 아폴론으로부터 자식을 지키려는 니오베 🏛
자크 루이 다비드 | 1772년 | 댈러스 미술관 소장

달콤한 인생을 꿈꾸고 행복한 인생을 바라기 때문에 오히려 더 힘들어진다. 그것이 잘 이루어지지 않기에 불행하게 느끼는 것이다. 삶에서 생로병사를 겪지 않는 사람은 없다. 또한 사건 사고를 겪지 않는 평탄한 삶은 없다. 하지만 나는, 내 가족만은 그런 일이 없어야 된다고 생각하기에 불행한 일이 닥치면 주저앉아 버린다. 그리고 거기서 인생을 한탄하고 신을 저주하고 원망하면서 남은 인생을 보내는 것이다.

인생은 참으로 혹독하고 가혹한 선생님이다. 무자비하게 몰아치고 혼내주고 벌을 주면서 우리에게 인생의 진리를 깨닫게 해준다. 재산을 잃거나, 건강이 나빠지거나, 사랑하는 가족을 잃어버리는 가운데 우리는 인생을 배우게 된다. 인생이 우리를 혹독하게 다룰 때 우리는 그제야 자기 내면을 보게 되기 때문이다.

재산도, 건강도, 사랑하는 사람도 모두 다 사라질 수 있다는 혹독한 진리를 깨달아야 비로소 진정 우리가 추구해야 하는 것은 마음의 평화라는 사실을 알게 된다. 어떤 일이 닥치더라도 동요하지 않고, 흔들리지 않으며 그런 시련을 빨리 헤쳐 나갈 힘이야말로 나에게 가장 필요한 것이라는 것을 깨닫게 된다. 또한 재산, 지위, 명예보다 더 소중한 것이 마음의 행복임을 알게 된다.

그렇게 우리의 내면으로 마음을 돌리게 되면, 우리는 인생이 흘러가는 대로 사건 사고, 질병, 죽음을 받아들이게 된다. 그러면 마음이 평화롭게 되고, 그때가 바로 행복한 순간이다. 그러니 달콤한 인생은 없어도 내면만은 달콤하고 행복할 수 있다. 그 순간은 우리가 그만 행복해지려고 하는 순간 찾아온다. 행복은 억지로 이루어지는 것이 아니기 때문이다. 순리대로 다 받아들일 때가 바로 우리가 행복해지는 순간이다.

우리가 살면서 힘들 때마다 하늘을 향해 던졌던 말, "왜 나한테 이런 시련을 주시는 건가요?"라는 질문에 대한 정답은 이것일지도 모른다.

"인생을 가르쳐 주려고 그랬어. 그래야 네가 그 불행을 이겨내려고 네 자신을 볼 테니까."

와일드
마음을 정화하는 공간과 시간

광야의 예수를 향한 사탄의 세 가지 유혹

예수가 본격적으로 전도를 하고 많은 사람을 구원하기 위해 나서기 전 그는 광야에서 사탄의 유혹을 받게 된다. 예수는 광야에서 40일 동안 금식을 하고 있었다. 당연히 목도 마르고 배도 고픈 상태였는데, 사탄이 나타나 이렇게 유혹한다. "당신이 하느님의 아들이라면, 이 돌들을 빵으로 바꿔보시오."

그러나 예수는 곧바로 맞받아친다. "성서에 '사람이 빵으로만 사는 것이 아니라 하느님의 입에서 나오는 모든 말씀으로 살리라'고 하지 않았느냐?"

이렇게 첫 번째 유혹을 물리치자 사탄이 물러갔다.

그러나 사탄은 포기하지 않고 예수에게 두 번째 유혹을 한다.

사탄은 예수를 광야에서 거룩한 성, 즉 예루살렘으로 데려가서 예루살렘 성전의 꼭대기에 세운 다음 "당신이 하느님의 아들이라면 여기서 뛰어내려 보시오"라고 말한다. 그러면서 구약의 신명기에 나오는 성경구절을 인용하며 예수를 몰아붙인다.

"'그들이 손으로 너를 받들어 너의 발이 돌에 부딪히지 않게 하리라'고 하지 않았소. 그러니 이곳에서 뛰어내려 보란 말이오."

그러자 예수는 "주, 너의 하느님을 시험하지 말라"고 하면서 두 번째 유혹도 물리쳐버린다.

두 번의 유혹이 실패하자, 사탄은 예수를 아주 높은 산의 꼭대기로 데려간다. 그리고 산 밑 세상 모든 나라의 영광을 보여주면서 "나에게 엎드려 절하면 이 모든 것을 주겠소"라고 유혹한다. 사탄은 자신이 세상 모든 나라를 쥐고 있으니 자신에게 경배하면 그 나라와 영광을 모두 주겠다고 한 것이다.

이렇게 세 번째 유혹을 하자 예수는 "사탄아, 물러가라! 성서에 주님이신 너희 하느님을 경배하고 그 분만을 섬겨라라고 하지 않았느냐?"라고 말했다.

결국 사탄은 예수의 곁을 떠났다.

📽 상실감의 고통을 떨쳐버리고자 4천 킬로미터의 여정을 떠난 여인

〈와일드〉란 영화는 스물여섯의 쉐릴이란 여성이 퍼시픽 크레스트

트레일(Pacific Crest Trail, PCT)을 혼자 걸어가는 내용을 담고 있다. 퍼시픽 크레스트 트레일은 멕시코 국경부터 시작해서 북으로는 캐나다 국경까지 닿아 있는 길을 말하는데, 9개의 산맥과 사막, 광활한 황무지, 인디언 부족의 땅을 지나가는 길이다. 길이는 4,285킬로미터에 이르는데, 그 길은 뜨거운 사막이 있고, 고도가 높아지면서 기온이 매우 낮아지는 등 매우 험난하다. 그래서 이 트레일을 종주하는 일은 결코 쉽지 않은 여정이다.

하지만 쉐릴은 야생동물의 습격과 불량배들의 공격 등 목숨을 잃을 수도 있고, 치명적인 부상을 당할 수도 있는 이 위험한 여정에 자기 몸보다 더 큰 배낭을 메고 뛰어든다. 또한 그녀는 힘든 한 걸음 한 걸음을 내딛으면서 자신의 과거와 마주해야 하는 고통도 감내해야만 했다.

쉐릴은 어린 시절 아버지가 술주정뱅이에 엄마에게 폭력을 가하는 불우한 환경에서 자랐다. 그런 아버지를 억지로 떨쳐버리고 나자 남매와 홀어머니가 마주한 것은 지독한 가난이었다. 그러나 어머니는 가난 속에서도 행복하다고 말하며 아버지를 만난 것을 후회하지 않는다고 한다. 술주정을 하고 폭력을 휘두르는 남편을 피해 아이들과 도망 다니기 일쑤였지만, 남편을 만나 예쁜 남매를 낳았으니 후회되지 않는다는 것이다.

그런데 세 식구가 평화롭고 안정된 생활을 누리려던 차에 셰릴의 어머니가 45살이라는 젊은 나이에 척추종양을 앓게 된다. 겨우 살만하게 되니 쉐릴의 어머니는 쉐릴 곁을 떠나고 말았다. 이후 쉐릴의 삶은 엉망진창이 된다. 마약에 손을 대고, 어머니를 잃은 공허함을 남자들과의 사랑 없는 육체적 관계로 채우려 한다. 그러면서 그녀는 심신이 피폐해져간다.

쉐릴은 어린 시절의 아픈 상처와 어머니를 잃은 상실감, 그리고 어머니가 죽은 뒤 자신이 벌였던 자기파괴적 행동들을 떠올리며 한 걸음 한 걸음 앞으로 나아간다. 그녀는 걸으면 걸을수록 다리는 점점 무거워져갔지만, 자신을 짓누르고 있던 분노와 고통, 고뇌의 짐이 점점 가벼워짐을 느낀다.

그녀는 여정의 도중에 너무 걸어서 발톱이 빠지기도 하고, 등산화를 잃어버려 곤욕을 치르기도 하고, 밤에는 들짐승이 공격할까봐 바스락거리는 소리에도 놀라곤 한다. 그럼에도 불구하고 그녀는 3개월 동안 걷고 또 걸어 결국 신들의 다리(bridge of god)에 도착해 여정을 마친다.

📋 40년간의 고통스런 광야 생활이 이스라엘인들에게 선사한 가치

예수가 받은 세 가지 유혹은 여러 의미로 해석될 수 있지만, 다음과 같이 볼 수 있다.

첫 번째 유혹에서 사탄이 돌을 빵으로 만들라고 한 것은 물질적인 것으로 세상을 구원해 보라고 부추기는 것이다. 사람들은 물질을 나눠주고 물질이 넘치게 해준다고 하면 그 사람을 따르고 시키는 대로 다 할 것이다. 하지만 예수는 물질로는 어떤 사람도 구원받을 수 없다는 것을 알기에 사람이 빵으로만 살 수 없고 하느님의 말씀으로 살 수 있다고 말한 것이다. 다시 말해, 진정한 구원은 물질이 아니라 말씀, 즉 진리에서 나온다는 것을 예수는 주장하고 있다.

두 번째 유혹은 성전에서 뛰어내려 보라는 것이었다. 이에 대해 예수는 기적이나 쇼맨십을 통해 사람들의 마음을 사로잡으려는 욕구에 대해 경종을 울린다. 그는 너의 하느님을 시험하지 말라고 함으로써 그런 기적이나 이적행위는 정말 사소한 것이라는 것을 말하고 있다. 실제로 많은 사람이 종교에서 기적이나 이적행위만을 바라고, 그런 징표가 있어야 종교라고 믿는다. 그러나 그런 것은 결코 진리가 아니며, 기적이나 이적은 헛된 것이며, 참된 진리만을 믿어야 한다는 것을 강조하고 있다.

세 번째 유혹은 사탄이 자신에게 엎드리면 이 세상 모든 것을 주겠다는 것이었다. 이에 대해 예수는 이 세상에 속한 것들, 즉 권력, 명예, 부와 재산으로 세상을 구원하고자 하는 욕구가 얼마나 위험한지 보여주고자 했다. 사람들은 당장 자신의 손에 돈과 부귀가 들어오기를 바라고, 종교에서도 그걸 바라는 경우가 많다. 이는 사실 하느님과 관계를 맺는 것이 아니라 물질적인 것과 거래를 하고 거기서 만족감을 얻는 잘못된 길로 들어설 가능성이 크다. 그래서 그런 유혹을 받을 때 물질적인 것을 모두 버리고 오직 진리의 길로 들어선 자만이 제대로 종교를 받아들이고 올곧게 종교생활을 하는 것이라고 강조하고 있는 것이다.

예수가 광야로 간 이유는 성령의 인도를 받았기 때문이다. 그렇다면 왜 성령은 예수를 광야로 인도했던 것일까?

광야는 세상을 구원하기 직전의 예수를 마지막으로 담금질하기 위한 장소였다. 광야라는 장소는 거칠고 위험이 따르며 먹을거리도 찾기 힘든 척박한 곳으로 죽음과 쇠퇴, 파멸의 땅이다. 또한 모세가 이집트에서 탈출한 뒤 이스라엘인들을 데리고 가나안으로 가기 위해 40년간 방랑의 길을 떠났던 곳이기도 하다. 그러나 바로 그 척박함 속에 깃든 고통과 고난이 이스라엘 민족을 채찍질하고 담금질하면서 제대로 된 종교에 다가서게 했다.

모세와 이스라엘 민족이 광야에서 하느님에 대한 믿음과 신뢰가 커지고 불신이 없어지고 진리를 추구하게 된 것은 광야의 척박한 땅에서 아무것도 살아남지 못하지만, 제대로 된 믿음을 갖고 종교생활을 한다면 그 험한 곳에서도 살아남을 수 있다는 것을 알려주었기 때문이다. 다시 말해, 이스라엘 백성에게 광야는 분명 시험과 시련의 장소이기도 했지만 하느님의 보호와 은총을 체험하는 장소이기도 했다.

이스라엘인들은 약속의 땅인 가나안으로 들어가기 전까지 40년을 광야에서 지냈는데, 이 광야 체험에 대한 기억은 이스라엘 역사 전체에 생생하게 살아 있다. 적의 공격, 부족한 물과 음식, 상황이 나빠질 때마다 터져 나오는 백성의 원성과 불만 속에서도 모세는 이스라엘 민족을 이끌었다. 그들은 그 과정에서 극도의 고통이 진정한 자신의 모습으로 돌아가게 하고 순수하게 함으로써 진리에 다가갈 수 있게

▓ 사막에서 만나를 받는 이스라엘인들 ▓
니콜라 푸생 ㅣ 1639년 ㅣ 루브르 박물관

함을 체험했다. 그래서 그들은 쉽게 광야를 건너지 못하고 40년이나 방랑을 해야 했던 것이다. 이스라엘 민족이 단련을 하고 시련을 극복하고 어려움 앞에서 절대 지지 않고 승리할 수 있다는 것을 배우기 위해서 척박한 광야에서의 40년이란 세월이 필요했던 것이다.

마음의 짐을 벗어버리는 방법

영화 〈와일드〉에서 쉐릴은 어머니를 잃고 방황하고, 번뇌하고, 슬퍼하고, 외로워하는 생활에서 갑자기 광야로 떠나야겠다고 생각한다. 이는 인간이 가진 마음속의 치유능력이 발동하기 시작했음을 의미한다. 그녀가 광야로 떠나려 하는 것은 지금의 생활이 만족스럽지 않으며, 그동안 사람들과의 관계, 세상과의 관계가 너무 허무하고 만족스럽지 않다는 것을 의미한다. 그래서 그녀는 무작정 광야로 가기로 마음먹는다. 그녀가 "2분에 한 번씩 포기를 생각한다"고 말할 만큼 광야에서의 생활은 힘들고 고되었다.

그녀는 자신이 제대로 들지도 못하는 커다란 배낭에 온갖 자질구레한 물건을 넣어 지고 가려고 한다. 하지만 일어서기는커녕 비틀거리기만 할 뿐이다. 그러다 간신히 일어나 한 발 두 발 걸음을 뗀다. 그녀가 짊어지고 있는 커다란 배낭은 마치 영화 〈미션〉에 등장하는 로드리고 멘도자의 자루를 떠올리게 한다.

그는 자신의 동생과 아내가 내연관계라는 사실을 알고, 순간의 분노를 참지 못하고 동생을 칼로 찔러 죽인다. 그는 죄책감에 시달리며 수도원에서 거의 피골이 상접한 상태로 자학하며 지낸다. 그러던 중 그곳에 우연히 들른 가브리엘 신부로부터 과라니족의 선교를 위해 같이 가자는 제안을 받는다. 그는 가브리엘 신부를 따라 밀림으로 들어가는데, 갑옷과 무기, 투구 등이 담겨 있는 아주 무거운 자루를 끌고 간다. 여기서 자루는 그가 앞으로 나아가는 데 방해가 되지만, 그는 개의치 않고 자루를 끌고 간다. 그 자루는 바로 멘도자가 갖고 있는 죄책감을 상징한다. 멘도자가 끌고 다닌 무구 자루처럼 쉐릴의 무거운 배낭 속에도 그녀의 죄책감이 자리 잡고 있다.

갑자기 사랑하는 사람을 잃게 되면 남겨진 사람들은 고인에 대한 죄책감을 갖게 된다. 그럴 줄 알았으면 좀 더 잘해줄 걸, 더 말을 잘 들을 걸, 더 많은 시간을 함께할 걸이라고 후회하며 자책한다. 쉐릴은 걸으면서 자신이 어머니에게 준 상처를 떠올리고, 또 어머니를 섭섭하게 했던 일들을 떠올린다. 그녀의 무거운 배낭은 아직도 그녀가 고인이 된 어머니를 끌어안고 있음을 상징한다.

또한 우리는 먼저 떠난, 그리고 빨리 떠나버린 사랑하는 사람에 대해 분노의 감정도 같이 갖게 된다. 쉐릴도 어머니가 먼저 떠나버린 것에 대해 분노감을 갖고 있고, 그런 생각이 들 때마다 죄책감을 갖는다. 그리고 어머니와 이별을 제대로 하지 못한 것 때문에 자기 파괴적인 행동을 통해 어머니를 잃은 슬픔을 잠시 잊어버리려고 했던 어리석은 행동들을 떠올린다. 그녀는 그렇게 마음속 해결되지 못한 문제들을 한가득 안고 길을 떠났다.

이처럼 마음의 짐도, 등에 진 짐도 무거웠기 때문에 그녀는 비틀거리며 언제든 걷기를 그만둘 생각을 한다. 그러다가 그녀는 점차 자기 짐을 내려놓기 시작한다.

사랑하는 사람의 죽음을 빨리 받아들이는 방법은 그 죽음을 인정하는 수밖에 없다. 너무나 보고 싶고, 그리워도 떠난 사람에 대한 그리움을 놓아 버려야 한다. 그리고 그 사람이 없어도 혼자 살아갈 수 있다고 스스로에게 다짐해야 한다.

쉐릴은 어느 날 숲속을 걷다가 한 소년이 들려주는 노래를 듣게 된다. 그 소년이 가고 난 직후 그녀는 다리에 힘이 풀리면서 무릎을 꿇고 울음을 터뜨린다. 그 소년의 노래 속에서 어머니의 품속을 떠올리고 행복했던 한때를 떠올리며 그녀는 이제 어머니를 진짜 놓아줄 수 있게 되었다. 소년의 노래로 그녀가 짊어지고 있는 짐의 대부분이 눈 녹듯이 녹아내린 것이다.

〈미션〉에서 멘도자가 짊어진 철물더미를 묶은 밧줄을 과라니족의 한 사람이 칼로 잘라줌으로써 멘도자는 비로소 자신의 짐을 놓게 된다. 그때 멘도자도 울음인지 웃음인지 모를 표정을 지으며 한참을 운다. 그는 과라니족의 원수였지만, 과라니족 사람들은 그를 용서하는 마음으로 그가 짊어진 철물더미를 묶은 밧줄을 끊어준 것이다. 그의 죄책감은 과라니족의 사랑을 통해 치유되었다. 그리고 그는 비로소 죄책감의 짐에서 벗어날 수 있었다.

〈미션〉과 〈와일드〉는 죄책감이라는 짐에서 벗어난다는 의미에서 일맥상통한다. 멘도자와 쉐릴이 지고 있는 무겁고 불편한 짐, 그것은 죄책감, 후회, 슬픔, 외로움, 분노, 자책감 등이다.

담금질의 시간을 통해 우리 내면은 정화될 수 있다

광야란 원래 고독함, 황량함, 고난 등의 여러 가지 의미를 갖는 장소다. 사람이 살기 힘든 척박한 땅이고, 어떤 생물도 살아갈 수 없는 곳처럼 보인다. 하지만 광야에는 우리가 보지 못하는 생물들이 살고 있고, 어느 곳에는 물이 존재한다.

성서에서 광야는 시련과 단련을 통해 거듭남을 의미한다. 그래서 예수는 성령에 이끌려 광야에 갔던 것이다. 그는 광야에서 인간 예수로서 유혹을 받고, 또 황량한 벌판에서 굶주림과 피곤함, 목마름을 경험하면서 자신의 내면으로 들어가 가장 중요한 정수를 뽑아냈다. 예수는 광야에서 담금질을 한 뒤 세상으로 내려와 사람들을 구원하고 복음의 말씀을 전하게 되었다. 인간 예수는 아주 강해지고 단단해져 돌아온 것이다. 마치 광야에서 40년을 방랑한 끝에 도달한 가나안에서 이스라엘인들은 강인해져 있었고, 자기 자신의 문제를 모두 광야에서 털어버리고 자유인으로 거듭난 것과 같다.

〈와일드〉의 쉐릴이 치유받는 곳도 바로 광야다. 쉐릴은 힘든 한 걸음 한 걸음을 떼면서 자기 속에 존재하는 온갖 부정적이고 나쁜 것들을 떨쳐내려고 애썼다. 그러나 그것은 떨쳐내려 한다고 사라지는 것이 아니라 스스로 감싸 안고, 인정하고, 받아들일 부분이다. 광야에서 노숙자처럼 돌아다니고, 씻지도 못하고 굶주림과 목마름에 허덕이면서 그녀는 비로소 자신 안에 존재하는 나쁜 것들을 모두 밖으로 쏟아내는 것이 불가능함을 깨닫게 된다. 그것이 옳든 그르든, 좋든 싫든 간에 내 안의 한 부분임을 인정함으로써 그리고 내 안에 나약함과 부서지기 쉬운 부분이 있다는 것을 인정함으로써 쉐릴은 자신이 지고 있는 커다란 짐을 완전히 벗을 수 있었다.

광야는 잔인하고 메마르고 공포스러운 곳이 아니라 고통과 고난을 통해 치유와 안식을 주는 곳이다. 이는 마치 우리가 삶에서 맞닥뜨리는 좌절과 실패, 절망과도 같다. 모세와 이스라엘인들이 겪은 40년, 예수가 겪은 40일, 쉐릴이 겪은 3달간의 담금질이 그 이후의 삶을 다른 차원으로 이끌었듯이 우리 모두에게도 반드시 삶에서 이러한 담금질의 시간이 필요하다.

밀양
상실감이 삶을 무너뜨릴 때

🎬 극도의 불행을 통해 깨달음을 얻은 빠따짜라

《법구경》에 '빠따짜라'라는 여인에 대한 이야기가 있다.

빠따짜라는 사왓티 출신의 부잣집 딸로 대단히 아름다웠다. 그녀의 부모는 누가 그녀를 채가기라도 할까봐 그녀를 엄격하게 가두어 키웠다. 그런데 잘난 남자들이 그렇게 청혼을 해도 거절했던 빠따짜라는 집안의 젊은 남자 시종과 눈이 맞아서 집에서 도망을 쳤다. 빠따자라와 시종은 어느 마을에 정착해서 살았는데 매우 가난하게 살았다.

빠따짜라는 아이를 임신하고 분만 날짜가 다가오자 남편에게 사왓티에 있는 그녀의 부모에게 다녀올 것을 청했으나 남편은 허락하지 않았다. 그래서 어느 날 남편이 멀리 나가 있을 때 부모의 집을 향해 출발했다. 하지만 그녀의 남편이 그녀를 뒤따라가서 길에서 그녀를 따라잡았고 그녀에게 함께 돌아가자고 사정을 했다. 그녀는 거절했지만 출산이 임박해 근처 숲에서 아들을 낳을 수밖에 없었다. 그녀는 아들을 낳고 남편과 함께 집으로 돌아오게 되었다.

빠따짜라는 또 임신을 하게 되었고, 분만 날짜가 다가오자 아들을 데리고 사왓티에 있는 부모 집을 향해 출발했다. 이번에도 그녀의 남편이 그녀를 뒤따라가서 다시 길에서 그녀를 붙잡았다. 그러나 그녀의 출산이 너무나 급박했고, 거기에 비가 대단히 많이 오고 있었다. 그녀의 남편은 적당한 분만 장소를 찾고서 땅 주변을 정리하던 중 독사에게 물려 그 자리에서 즉사했다.

빠따짜라는 남편이 돌아오기를 기다리는 동안 두 번째 아들을 낳았다. 아침이 되자 그녀는 남편을 찾기 시작했는데 그의 죽은 시체를 보게 되었다. 그녀는 자신 때문에 남편이 죽었다고 혼자서 중얼거리며 계속해서 부모의 집을 향해 걸어갔다.

밤새 끊임없이 비가 내렸기 때문에 강이 범람해 그녀는 두 아들을 모두 안고서 강을 건너는 것이 불가능했다. 그래서 강의 한쪽에 큰 아이를 남겨두고, 그날 낳은 아들과 함께 강을 건너 언덕으로 갔다. 그리고 나서 큰아이를 데려오기 위해 다시 강을 건너는 중간에 뒤를 돌아보자 큰 매가 작은아이를 먹이로 여기고 그 위를 맴도는 것을 보게 되었다.

그녀는 매를 쫓기 위해 고함을 쳤지만, 아무 소용이 없었다. 결국 매가 작은아이를 낚아채서 날아가버렸다. 그러는 동안 큰아이는 어머니가 강 중간에서 고함치는 것을 듣고서 자기에게 오라고 하는 것으로 생각했다. 아이는 어머니에게 가기 위해 강물로 들어갔고, 결국 강한 물결에 휩쓸려 떠내려가고 말았다. 그렇게 해서 빠따짜라는 남편은 물론 두 아들을 잃게 되었다.

빠따짜라는 눈물을 흘리며 큰 소리로 한탄했다. "한 아들은 매가 채 갔고, 다른 아들은 급류에 떠내려갔다. 나의 남편 역시 독사에 물려 죽었다."

그렇게 울고 있을 때 사왓티 출신의 한 남자를 만나게 되었다. 그래서 자신의 부모 안부를 물어보았다. 그러자 그 남자는 전날 밤 사왓티에서 강력한 폭우로 인해 그녀의 부모 집이 무너져 내려 그녀의 부모와 세 형제 모두 죽었다고 말하며 그들은 한 장례식장에서 화장되었다고 전해주었다. 그녀는 졸지에 두 아들, 남편, 부모님, 형제들까지 모두 잃게 된 것이다.

이러한 비극 앞에서 빠따짜라는 완전히 미쳐버렸다. 그녀는 옷이 흘러내려 반쯤 발가벗겨진 것도 알지 못했다. 그녀는 시내를 돌아다니며 자신의 괴로움을 고함치며 다녔다.

사실 이런 고통이 실제로 자신에게 닥친다면 제정신일 수 있는 사람이 몇이나 있을까. 슬픔과 죄책감, 인생의 허망함에 무너져 내릴 것이다.

붓다가 제따와나 승원에서 법문을 하고 있을 때, 그녀가 오는 것을 본 군중들은 "저 미친 여자가 여기로 들어오지 못하게 하라"고 말하면서 그녀를 막으려고 했다. 그러자 붓다는 그들에게 그녀가 들어오는 것을 막지 말라고 했다. 빠따짜라가 들을 수 있을 만큼 가까이 오자 붓다는 그녀에게 주의하고 침착하라고 말했다. 그녀는 자신이 아랫도리를 입지 않고 있음을 알고서 부끄러워하며 앉았다. 그러자 어떤 사람이 그녀에게 천을 주어서 그녀는 그것으로 몸을 감쌌다. 그녀는 붓다에게 어떻게 남편과 자식들 그리고 부모와 형제들을 잃게 되었는지를 이야기했다.

붓다는 그녀에게 이렇게 말했다. "빠따짜라여, 두려워 말라. 그대는 이제 그대를 보호하고 인도해 줄 수 있는 자에게 왔다. 이러한 윤회하는 존재들 안에서, 그 형제들의 죽음으로 인하여 흘린 눈물의 양은 방대하다. 그것은 4대양의 물보다 더 많다." 붓다는 "이제는 떠나가 버린 그들에 관하여 너무 많이 생각하지 말아야 하고, 반드시 자신을 정화하고, 닙바나를 깨닫기 위해 전력해야 한다"고 덧붙였다.

그리고 이렇게 일깨웠다. "남편과 아들이 끝까지 너를 보호해줄 수는 없다. 자식도 친척도 부모도 어느 누구도 죽음이 닥쳐올 때 너를 보호해줄 수는 없다. 설사 그들이 살아 있다고 할지라도 그들은 너를 위해 이 세상에 있는 것이 아니다. 다만 그들은 그들 자신의 업에 따라 존재했을 뿐이며, 자신의 업을 늘리며 살았던 것에 불과했다. 그러므로 현명한 사람은 이와 같은 진리를 바로 알아 계율을 잘 지켜 청정한 업을 행할 것이며, 마음의 장애를 제거하여 선정을 통해 마침내 열반에 이른다."

나중에 빠따짜라는 열심히 정진해 아라한과를 얻게 된다.

🎬 '부정'이라는 자기방어 기제

영화 〈밀양〉은 살아남은 자의 지독한 상실감에 대해 이야기한다.

신애는 남편이 교통사고로 죽은 후 남편이 살아생전 낙향해서 살고 싶어 했던 밀양에 아들과 함께 터를 잡는다. 그녀는 아는 사람 하나 없는 타향에 자신 있게 내려가 피아노 학원을 연다.

그녀가 밀양에 내려간 이유는 남편이 죽은 후에도 그의 죽음을 부정하고 있기 때문이다. 그녀는 남편의 죽음을 훌훌 털어버리지 못하고, 남편의 체취가 남아 있는 곳에서 남편의 추억을 더듬으며 살고 싶어 한다. 남편의 사랑을 잊지 않기 위해, 또 남편의 사랑에 대한 보답으로 밀양행을 택한 것으로 보인다.

하지만 영화에서 그녀의 남동생은 이렇게 말한다. "매형은 바람도 피웠잖아."

그러자 신애는 "아니야 남편은 나를 사랑했어, 우리 가족을 사랑했다고"라고 부정한다.

신애는 남편이 자신만을, 가족만을 사랑했다고 믿고 싶어 한다. 하지만 동생의 말을 통해 보면 그녀의 남편은 어쩌면 그녀가 생각했던 것보다 그녀를 사랑하지 않았을지도 모른다.

하지만 신애는 그런 사실을 인정하려고 하지 않는다. 그녀는 '부정(denial)'의 방어기제를 많이 쓰는 사람이라는 것을 알 수 있다. 자신이 알고 싶은 것만 믿고 싶어 하고, 자신이 알고 싶지 않거나 자신과 맞지 않는 것은 전부 부정하고 사는 사람이다.

이렇게 신애는 남편의 사랑이 극진했다고 생각하기에 남편의 사랑에 대한 보답으로 밀양으로 내려간 것이다.

그녀는 밀양에 살면서 남편의 사랑을 곱씹으며 남편과의 아름다웠던 추억을 떠올리며 살 작정이었다. 그래서 그녀는 남편의 죽음에 대한 슬픔에서 결코 벗어날 수 없다.

그런데 그녀에게 가장 비극적인 일이 터진다. 아들이 다니던 학원 원장이 아들을 납치해 살해한 것이다.

아들 죽음의 화근이 된 것은 그녀가 좋은 땅을 사서 집을 지을 것이라고 사람들에게 떠벌리고 다닌 일이다. 그녀는 땅을 살 돈도 없으면서 땅을 살 것처럼 많은 사람에게 떠들고 다녔다. 아들이 다니는 학원의 학부형들이 모인 회식자리에서도 그녀는 땅에 돈을 묻어두는 게 좋은 투자라고 한다 라고 말한다.

그녀는 피아노 학원 개업을 주변사람들에게 알리기 위해 떡을 돌리러 가서는 옷가게 주인에게 인테리어를 좀 더 밝은 것으로 바꾸라고 충고까지 한다.

신애는 자신이 낙향한 초라한 청상과부라는 소리를 듣고 싶지 않아서 과장되게 행동한다. 경제적인 여유가 있는 한 여인이 아들을 데리고 한적한 시골에 내려와 유유자적하게 인생을 즐기는 모습으로 남들에게 비춰지고 싶었던 것이다. 그래서 궁상스러운 모습을 남들에게 보여주기 싫어 좋은 집을 지을 땅을 살 거라고 남들에게 떠든 것이다.

신애의 모습을 심리적으로 분석해보면 그녀는 '부정'이라는 자기

방어기전을 다시 사용하고 있다. 그녀는 남들의 시선에 매우 예민하다. 또한 자신이 처한 궁핍한 경제적 형편을 부정하고 싶은 것이다. 그녀는 현재는 그런 돈이 없지만, 언젠가 하고 싶은 것을 미리 알아보고 준비하는 성급함을 보인다. 신애는 자신이 처한 현실을 다시 한번 부정하고 있다.

하지만 목숨 같이 소중한 아들이 살해를 당하자 그녀는 절망의 나락으로 떨어진다.

사실 이때 그녀는 자기 자신을 위해 밀양을 떠났어야 했다. 남편의 추억이 담겨 있고, 거리 곳곳에 아들의 체취가 묻어 있는 밀양에서 떠났어야 슬픔을 덜어낼 수 있었을 것이다. 하지만 그녀는 고집스레 밀양에 머문다.

그녀는 어떻게 보면 밀양에 갇혀버린 것이다. 아들의 죽음을 도저히 받아들일 수 없었던 그녀에게 밀양을 떠나는 것은 곧 아들의 죽음을 인정하는 것이기 때문이다. 그녀는 또다시 '부정'의 방어기제로 자신을 보호하고 있다.

신애는 더 이상 마음 붙일 곳이 전혀 없었다. 그냥 울음만 나올 뿐 살아갈 힘도 없었다. 그러다 우연히 찾은 교회에서 대성통곡을 한다. 그동안 참았던 눈물이 전부 터져 나온 것이다. 그렇게 해서 그녀는 종교에 귀의한다. 그녀의 상처는 빠르게 아무는 듯 보였고, 주변사람들에게 자신이 신앙을 통해 하나님의 품 안에서 매일매일 행복하다는 간증을 한다.

그리고 그녀는 느닷없이 자신의 아들을 죽인 범인을 찾아가 용서

해주겠다는 말을 하겠다고 한다. 주변에서는 만류했지만, 그녀는 그의 고통을 덜어주고 싶다고 말한다.

신애는 교도소를 찾아가 살인범과 마주한다. 그녀가 힘겹게 당신을 용서한다는 말을 하려는 찰나, 살인범은 하나님께 회개하고 모든 죄를 용서받았다고 말한다.

그녀는 할 말을 잃고 만다. 자신이 그를 용서하려고 했는데 하나님이 이미 용서를 해주었다고 하니 말이다.

이후로 신애의 태도는 돌변한다. 종교에 대한 극단적인 불신주의자를 넘어 방해자가 된다. 교회의 부흥회를 방해하고, 심지어 독실한 기독교 신자인 장로를 성적으로 유혹한다. 그러던 어느 날 그녀는 칼로 자해를 하고 정신병원에 입원하게 된다.

정신병원을 퇴원하던 날 신애는 공교롭게도 살인범의 딸이 일하는 미장원에 들러 머리를 자른다. 머리를 자르던 도중 그녀는 자리를 박차고 일어나 집으로 가버린다. 그리고 그녀를 계속 쫓아다니던 종찬이 들고 있는 거울을 보고 스스로 머리를 자른다.

여기서 한 가지 생각해 볼 점이 있다. 신애는 하나님께 용서받은 살인범 때문에 왜 그렇게 분노한 것일까?

신애가 예상했던 범인의 모습은 죄책감에 찌들고 양심의 가책으로 초췌해진 모습이었을 것이다. 그런데 그녀를 대면하는 범인은 너무나 편안한 표정으로 하나님을 잘 받아들였다고 신애를 위로하기까지 한다. 신애의 입장에서는 자신의 아들을 죽인 인간이 일말의 죄책감도 없이 근심 없는 모습으로 하나님에 대해 떠드는 모습이 적반

하장으로 느껴졌을 것이다.

여기서 그녀는 신에 대한 분노를 느낀다. 자신은 자식을 잃고 뼈를 깎는 듯한 고통 속에서 살았는데 자기 자식을 죽인 인간은 신의 용서를 받고 편안한 마음으로 살아가고 있는 것이다.

신애는 신과의 관계에서도 자기중심적인 태도를 갖고 있음을 엿볼 수 있다.

남편이 다른 여자를 만났다는 것을 알았음에도 자신만을 사랑했다고 여긴 것처럼 그녀는 하나님이 자신만을 사랑하고 구원해줄 것이라고 생각했다. 그런 신의 사랑은 자신에게만 국한되어야 하는데 심지어 자식을 죽인 원수까지 사랑하고 있으니 그녀로서는 용납할 수 없는 것이다.

그녀는 이번에도 하나님은 자신의 원수도 사랑할 수 있다는 사실을 '부정'하고 있다.

남편이 나만을 사랑했듯이(실제로 그렇지 않았지만), 하나님도 나만을 사랑해야 한다고 믿고 있었는데, 하나님은 어느새 살인자에게도 사랑을 나눠준 것이다.

그녀의 분노는 바로 현실을 제대로 보지 않고 자기 식대로 해석하고 부정한 데서 연유한 것이다. 그녀는 너무 갑작스레 종교생활을 하면서 마음이 평온해지고 행복해지게 되었다. 그녀는 슬픔은 온데간데없이 사라지고, 하나님의 품에서 너무나 마음이 가벼워지는 경험을 하게 된다. 여기서 그녀는 자식을 잃은 슬픔을 너무 빨리 억압해버렸다.

억압된 슬픔은 결국 어느 순간 터져 나오게 마련이다. 그 슬픔은 자신을 떠나 버린 남편과 자식에 대한 미움이기도 하다. 나만 혼자 내버려두고 저세상으로 가버린 사람들에 대한 분노감이다.

이런 분노감은 하나님이 자신을 배신하고 살인자를 사랑하는 것에서 극에 달한다. 그래서 그녀는 자해까지 하게 된 것이다.

상처의 치유는 현실을 인정하고 긍정하는 데서 시작된다

그렇다면 신애는 어떻게 상처를 치유해야 했을까?

남편을 잃고, 자식까지 잃은 한 여인의 슬픔이 치유가 가능한 것일까? 게다가 아들은 그녀가 돈이 있는 척한 탓에 유괴되어 죽은 것이다. 그 죄책감을 떨쳐낼 수 있을까?

신애의 처지는 분명 치유되기 어려운 극단적인 상황이다. 위에서 말했던 빠따짜라 또한 자신으로 인해 남편이 죽었다는 죄책감으로 괴로워한다. 신애와 빠따짜라는 가족의 죽음에 책임이 있다는 공통점이 있다.

두 명 모두 가족의 죽음이 예견된 것이었다면 마음의 준비라도 할 수 있었겠지만, 이들의 남편과 자식은 아무런 예고도 없이 죽음을 맞았다. 그런 예견되지 않은 죽음은 살아남은 자에게는 더욱 큰 슬픔이 된다.

하지만 그 큰 상처가 조금이라도 빨리 아물 수 있으려면 신애는

'부정'이라는 방어기제를 쓰지 말았어야 했다. 아들의 죽음을 인정하고 빨리 밀양을 떠나는 것이 첫 번째로 해야 할 일이었다.

두 번째는 목 놓아 우는 수밖에 없다. 그냥 매일매일 슬픔으로 목이 쉬도록 실컷 우는 것이다. 만약 신애가 그렇게 슬픔이 거의 다 비워질 때쯤 종교를 통해 남은 슬픔을 해결했다면 삶이 달라졌을 수 있다. 그러나 그녀는 성급하게 자신의 슬픔을 억압하고 종교에 귀의했기에 눌러놓은 슬픔이 언제 폭발할지 모르는 위험한 상태였던 것이다.

신애는 자신의 아들을 죽인 살인범을 용서하지 말았어야 했다. 물론 궁극적으로 살인자를 용서하는 것은 맞다. 하지만 살인자에 대한 분노와 원한이 모두 다 사라질 때까지 실컷 욕하고 원망하는 의식이 있어야 했다. 그렇게 해서 자신이 가진 모든 증오를 풀어냈다고 생각했을 때 그 살인자를 용서해야 했다. 성급한 용서는 결국 자신 안에 남아 있는 증오의 싹만 다시 키우게 된다.

그리고 자신이 사랑했던 사람들이 자신만을 사랑했다고 생각하는 아집에서 벗어났어야 했다. 남편도 사람이기에 다른 여자를 좋아할 수도 있고, 하나님인 신은 말할 것도 없이 누구에게나 사랑을 준다. 그런데 자기만을 사랑한다는 현실부정은 오히려 그녀를 더 아프게 했고, 또 그녀의 상처를 아물지 못하게 한 가장 큰 원인이었다.

신애는 자신의 상처를 치유하는 데 너무 성급했다. 그리고 현실을 부정하느라 자기 안에 갇혀 버렸다. 그래서 그녀의 상처는 더욱더 깊어져 간 것이다.

📽 삶에서 돌아보아야 할 관계의 의미

신애의 상처를 치유할 수 있는 길을 빠따짜라의 이야기에서 찾아볼 수 있다. 누구나 자신의 상처가 가장 아프게 느껴지기에 상처의 경중을 따지기는 어렵지만 빠따짜라의 불행은 신애에게 닥친 불행보다 몇 배 이상이었다. 그래서 빠따짜라의 이야기는 참으로 슬프고 비참하고 처절하다.

빠따짜라와 같은 불행이 닥쳤을 때 어느 누구도 견뎌내기 힘들 것이다. 하지만 그녀의 비극적인 이야기는 한편으로 우리에게 삶에서 어떤 고통을 겪더라도 견디고 살아남아야 한다는 것과 가족 또는 나와 인연을 맺고 있는 사람들과의 관계에서 어떤 마음가짐을 가져야 하는지를 알려준다.

가족을 비롯해 내가 사랑하는 모든 사람은 언젠가는 내 곁을 떠나간다. 그리고 우리가 냉정하게 인지해야 할 사실은 그들은 자신의 운명대로 살 뿐이지 나를 위해 존재하는 것이 아니라는 점이다. 우리는 흔히 가족들 또 사랑하는 사람들에게 애정을 빌미로 무언가를 바라고 의지한다. 하지만 내가 아무리 사랑하고 헌신했다고 할지라도 그 보답이 반드시 돌아오는 것은 아니며 그들은 우리의 소유물이 아니다.

그러나 가까운 관계일수록 기대심리가 있기에 배신감과 분노감을 느끼게 된다. 이런 분노감이나 서운함은 바로 자식이, 부모가, 친구가, 지인이 자신의 분신이라고 생각하거나, 자신이 마음대로 할 수 있는 존재라고 여기기 때문이다. 특히 부모 자식 간에 그런 경우가 많다. 하지만 아무리 사랑을 주고 헌신을 했다고 하더라도 어느 순간에 상대가 그의 의지대로 살 수 있게 놓아주어야 한다.

우리가 죽음을 맞을 때 나와 가까운 사람들은 우리를 위로해줄 수는 있지만 죽음의 골짜기를 함께 걸어가주지는 못한다. 우리는 누구나 언젠가 혼자가 되고 그 길을 가야 하는 운명이다. 그래서 가족이나 사랑하는 사람에게 지나치게 의존하고 그들을 자신의 분신처럼 생각했던 사람은 죽음이 닥쳤을 때 더욱 당황하고 고통스러워한다. 자신을 가족이나 사랑하는 사람과 동일시하기 때문이다.

이는 그들과 담을 쌓고 살고, 그들을 사랑하지 말라는 말이 아니다. 단지 항상 잊지 말아야 할 것은 사랑은 하되 조건이 없어야 하며, 어떤 보상을 바라지 않아야 하며, 전적으로 의지하지 말아야 한다는 것이다. 신애는 남편에게 지나치게 의지했기에 그가 떠나고 나서도 벗어나지 못하고 밀양으로 가서 스스로를 가두었다.

빠따짜라나 신애의 이야기가 우리에게 던지는 메시지는 우리가 의지하고 믿고 헌신하고 자신의 분신이라고 여기고 있는 가족이나 사랑하는 사람에 대한 우리의 태도를 돌아보라는 것이다.

어느 순간 빠따짜라처럼 한꺼번에 사랑하는 사람들을 잃을 수도 있고, 신애처럼 내가 사랑하는 사람이 내 곁을 떠나버릴 수도 있다. 그래서 우리는 혼자서 삶을 살아나갈 준비도 함께 해야 한다.

자식 또는 배우자, 부모님이 없는 세상을 상상할 수 없는 사람도 있을 것이다. 그러나 그들이 없다고 하더라도 삶은 계속된다. 그들이 세상을 떠나도 세상은 이전과 변함없이 돌아가게 되어 있다. 그러니 가족들, 사랑하는 사람과 함께 살더라도 때로 혼자 있는 시간도 가져 보아야 한다. 삶에서 언제라도 홀로 걸어가야 할 준비가 되어 있어야 한다는 말이다. 그것이 가장 중요한 사람을 잃고도 자신의 삶을 잃지 않고 살아갈 수 있는 방법이다.

| 제3장 |

사랑의 의미

굿 윌 헌팅

이성이 감정을 만났을 때

신을 대신해 인간세상에 내려온 무티마

아프리카 우간다에 내려오는 천지창조 신화에는 카베자-음풍구라는 신이 등장한다.

카베자-음풍구는 하늘과 땅을 만들고 곧 남자와 여자 두 명의 인간을 만들었다. 신은 이들에게 논리와 이성을 주었지만 아직 무티마, 심장은 주지 않았다.

카베자-음풍구는 네 명의 자녀가 있었는데 해, 달, 어둠, 비였다.

그는 자식들에게 물었다. "나는 이 지상을 떠날 것이다. 그러면 인간은 나의 모습을 다시는 보지 못할 것이다. 내 대신 심장인 무티마를 내려보낼 생각이다. 내가 떠났을 때 비는 어떻게 할지 한번 얘기해 봐라."

비가 대답했다. "저는 끊임없이 비를 내려 모든 것을 물에 잠기게 하겠습니다."

그러자 카베자-음풍구는 이렇게 말했다. "안 된다. 이 두 명의 인간을 보아라. 이들이 물속에서 살 수 있겠느냐? 너는 해와 자리를 바꿔 보는 것이 좋겠다. 충분히 비가 내린 후에는 해가 지상을 적절히 말려주면 좋겠구나."

신은 두 번째 아들인 해에게 물었다. "너는 어떻게 하겠느냐?"

해가 대답했다. "저는 뜨거운 볕을 내려 모든 것을 태워버리겠습니다."

신이 다시 말했다. "그러면 안 된다 해야. 일단 볕을 내려 지상을 따뜻하게 하고, 이번엔 비와 자리를 바꾸어 적절하게 다시 비를 내려 과실이 익도록 해야 한다. 그래야 인간이 먹고 살 수 있을 것이다."

신이 이번에는 어둠에게 물었다. "자 그러면 어둠아, 너는 내가 없어지면 어떻게 하겠느냐?"

어둠이 대답했다. "저는 지상을 영원히 지배하겠습니다."

그러자 신이 말했다. "그러면 이 모든 생물이 이 세상을 보지 못하게 된다. 달에게 지상을 비출 기회를 주는 것이 좋겠다. 그리고 달이 없어지는 때만 네가 온 세상을 지배하도록 해라."

이 말을 마치고 카베자-음풍구는 "나는 지상에 너무 오래 머물렀구나. 이제 나는 가겠다"는 말과 함께 지상에서 사라졌다.

그리고 얼마 후 지상에 손바닥 크기의 무티마, 심장이 왔다. 무티마는 해, 달, 비, 어둠에게 아버지 신은 어디에 있느냐고 울면서 물었다.

무티마는 신이 이미 지상에서 떠난 것을 알고 크게 낙심했다. 그러다 좋은 생각이 떠올랐다. 무티마, 심장은 인간의 몸속으로 들어가기로 결정을 내렸다. 그래서 자신을 통해 인간이 신을 계속 찾도록 하고 이성과 논리만을 가진 인간의 마음에 균형을 갖도록 하리라 마음을 먹었다.

감정이 상처받아 이성으로 무장한 윌 헌팅

작고 낡은 방에 책이 어지럽게 널려 있고, 한 청년이 열심히 책장을 넘기고 있다.

책에 빠져 있는 청년의 이름은 윌 헌팅이다. 책을 탐독하는 학구적인 분위기와 달리 그의 직업은 MIT 대학의 청소부다.

게다가 그는 친구들과 거리를 배회하며 패싸움을 벌이곤 한다. 그가 스트레스를 푸는 방법은 동네 건달과 싸움을 하거나 어려운 수학문제를 푸는 것이다.

윌이 근무하는 대학의 수학과 교수인 램보는 학생들에게 어려운 수학문제를 낸다. 램보 교수는 문제를 푸는 천재는 자신의 수제자가 될 것이며, 부와 명예를 가질 수 있을 것이라는 말도 덧붙인다.

어느 날 강의실 복도의 칠판에는 램보 교수가 낸 수학문제에 대한 답이 적혀 있다. 모두 누가 문제를 풀었는지 매우 궁금해 하지만 나서는 사람이 없다.

램보 교수는 답을 푼 천재를 찾기 시작한다.

그런데 문제를 푼 사람은 바로 청소부 윌이었다. 그는 다른 문제를 풀기 위해 복도를 서성이다가 램보 교수의 눈에 띄게 된다. 윌은 황급히 도망쳐버리고 램보 교수는 그를 찾아나선다.

램보 교수가 수소문 끝에 찾은 천재는 어릴 때부터 여러 집에 입양되었다 파양된 전력이 있었고, 그보다 더 화려한 전과 경력을 갖고 있었다.

윌은 폭행사건으로 다시 법정에 서게 되는데, 램보 교수의 도움으로 감옥행은 면하게 된다. 하지만 법정은 램보 교수가 윌을 보호해야 한다는 단서를 붙였고, 램보 교수는 윌에게 조건을 내건다. 일주일에 한 번 정신과 치료를 받아야 하며, 자신과 함께 어려운 수학공부를 해야 한다는 조건이었다.

램보 교수는 윌의 천재적인 재능을 살리고 싶어 한다. 하지만 그 재능을 살리기 위해서는 그의 거칠고 난폭한 성격을 길들여야 한다고 생각한다. 그래서 윌에게 여러 명의 정신과 의사를 소개하지만, 윌은 번번이 치료자들을 농락하며 치료를 회피한다.

램보 교수는 마지막으로 자신의 대학동창이며 심리학과 교수인 션 맥과이어를 찾아간다.

션 맥과이어와 윌 헌팅이 첫 번째 대면을 하게 된다.

윌은 이번에도 상대의 약점을 들추어 치료를 포기하게 하기 위해서 션의 방에 걸려 있던 그림을 가지고 시비를 건다. 폭풍우가 부는 바다에서 나룻배를 타고 있는 사람의 뒷모습이 그려진 그림이었는데, 윌은 "폭풍 속의 항구처럼 위태롭다. 배를 탄 사람은 있는 힘을 다해 노를 젓고 있지만, 노는 곧 부러질 것 같다. 힘든 현실을 피하려 하는 것 같다"라고 그림과 션의 관계를 심리학자처럼 해석한다. 그러면서 "당신은 부인을 잘못 얻은 거죠? 딴 남자랑 눈이 맞았나요?"라고 묻는다.

이 말을 들은 션은 폭력적으로 바뀌며 윌의 목을 조르고 자신의 아내를 욕하지 말라고 위협한다. 사실 션은 사랑하는 아내와 사별한 아픔을 갖고 있었다.

그동안 점잖게 윌의 정신과 치료를 거절했던 이전의 치료자와 달리 션은 윌의 오만불손함에 거칠게 응수했다.

램보 교수는 이번에도 다른 정신과 의사와 마찬가지로 션이 윌의 치료를 포기하리라 생각했지만, 션은 포기하지 않는다.

윌과 션은 호숫가에서 두 번째 면담시간을 갖는다.

이때 션은 자신의 감정을 드러내지 않고 감정적인 체험은 전혀 하지 않으려는 윌의 문제를 지적한다. 상처받지 않기 위해 자신의 감정을 숨기고 지식으로 무장한 채 오만하게 행동하는 그의 태도에 대해 해석한 것이다.

한편 윌은 그의 친구들과 함께 하버드 대학 근처의 주점에 놀러갔다가 잘난 체하는 하버드 대학원생을 자신의 풍부한 지식으로 망신을 준다. 옆에서 이 장면을 목격한 하버드 대학생인 스카일라는 윌에게 호감을 갖게 되고, 그에게 전화번호가 적힌 쪽지를 주고 간다.

윌은 스카일라에게 사랑을 느끼지만, 그의 열등감은 둘의 관계를 위태롭게 한다. 둘은 데이트를 하고 즐거운 시간을 보내지만 윌은 사랑하는 사람과의 관계에서도 거리감을 느낀다. 스카일라는 윌에게 캘리포니아에 같이 가자고 제안하지만 윌은 마음을 닫아버리고 스카일라는 상처를 안고 혼자서 떠난다.

월과 션의 만남이 반복되면서 윌의 마음은 조금씩 열리게 된다. 그러나 이번에는 션과 램보 교수 간에 커다란 갈등이 생긴다. 램보 교수는 윌의 재능을 더욱 키워주어서 사회에 공헌을 하고 부와 명예를 얻어야 한다고 주장한다. 반면 션은 윌의 수학적인 재능보다는 진정한 자기 자신을 찾는 일이 중요하다고 강조한다.

치료가 막바지에 이를 때쯤 윌의 고통스런 과거가 드러난다. 그는 양아버지에게 어린 시절 잔인한 신체적인 학대를 당했던 것이다. 션이 윌에게 "그것은 네 잘못이 아니야"라는 말을 반복해서 해주자 윌은 처음으로 자신의 감정을 터뜨리고, 타인과의 사이를 가로막고 있던 장애물을 걷어버린다.

이런 와중에 윌은 국방성에 취직을 하게 된다. 결국 램보 교수의 의도대로 명예와 부의 길을 선택한 것이다.

어느 날 윌의 친구들은 그에게 취직 기념으로 정성껏 수리한 고물차를 선물한다.

다음 날 윌의 친구가 그의 집을 방문했을 때 집은 비어 있었고, 그는 어디론가 떠나고 없다. 션은 윌이 남긴 쪽지를 발견하는데, 직장을 포기하고 사랑하는 스카일라를 만나러 간다는 내용이 적혀 있었다.

월은 길에 이어진 길을 따라 자동차를 몰고 캘리포니아를 향해
간다.

감정이 배재된 이성의 모습

아폴론은 제우스가 가장 아끼는 아들이었으며, 2인자로서의 면모도
갖추고 있었다. 아름다운 용모를 갖추었고, 활과 화살을 잘 다루었으
며, 음악에도 조예가 깊었다.

그러나 그의 탄생은 그리 순탄하지 못했다.

아폴론은 제우스의 정실부인인 헤라와의 사이에서 낳은 적자가
아니었다. 질투심에 불탄 헤라는 아폴론의 어머니 레토의 해산을 집
요하게 방해했다. 모두 헤라의 보복이 두려워 레토가 해산할 장소를
제공하지 않았던 것이다. 레토는 어쩔 수 없이 델로스라 불리는 불모
지섬에서 아폴론을 낳았다.

아폴론은 태양의 신이며, 예술, 예언, 궁수의 신으로 그리스인들에
게 추앙받았다. 고대 그리스 시대에도 아폴론으로 상징되는 지성과
이성적인 측면을 더 중요시했기 때문이다.

이에 반해 감정을 대변하는 디오니소스는 처음에는 올림포스의
주신에 오르지도 못했으며 박해를 받았다. 그 당시에도 서양인들은
감정적인 측면을 과소평가했다는 것을 보여준다.

특히 아폴론이 궁수의 신이라는 점은 과녁에 화살을 꽂기 위해 필

요한 현실적인 판단과 정확성이 있어야 한다는 것을 의미한다.

그래서 가부장제 사회에서 성공하기 위해서는 아폴론적인 특성을 가져야 했다. 특히 지성과 이성은 과학이 지배하는 현대사회에서 가장 필요로 하는 재능이기 때문에 아폴론적인 남성은 현대사회에서도 각광을 받고 있다.

월 헌팅과 아폴론은 지나치게 지적인 재능이 발달한 인물이라는 공통점을 갖고 있다. 둘 모두 지능과 이성을 관장하는 좌뇌가 발달되었다고 볼 수 있는데 반면 감정을 관장하는 우뇌의 발달은 미숙하다고 할 수 있다.

그래서 이 둘 사이에는 매우 비슷한 점이 발견되며, 우뇌에 비해 좌뇌가 훨씬 발달한 현대인들의 장점과 단점을 둘의 성격을 통해 알 수 있다.

제우스의 총애를 받았으며 올림포스의 2인자인 아폴론과 뒷골목에서 건달들과 어울리고 MIT대학에서 청소부 일을 하는 월을 같은 선상에 놓고 비교할 수 있는가에 대해 의아하게 생각할 수도 있다.

일단 월의 출생배경과 재능을 본다면 그는 부모도 없는 고아이며 여러 차례 파양된 적이 있는 인물이다. 그러나 제대로 된 교육을 받지 않았는데도 수재들인 MIT대학생들도 풀지 못하는 수학 문제를 푸는 천재적인 재능을 갖고 있다.

이에 못지않게 아폴론의 탄생 배경도 순탄치 못했다. 어머니는 해산할 장소를 찾지 못해 만삭의 몸으로 떠돌아다녀야 했으며, 아이를 낳기까지 9일 동안이나 진통을 겪어야 할 정도로 난산이었다.

아폴론과 윌, 두 사람의 출생배경은 사실 영웅들이 가지는 비범함을 보여주기 위한 장치다. 영웅은 위대할수록 그 진면목을 나타낼 때까지 고난과 시련을 겪는 경우가 많다. 그래야 영웅의 면모가 더 빛나기 때문이다.

윌은 현대의 영웅이라고 볼 수 있다. 현대는 육체적인 완력보다는 얼마나 지적인 능력을 가지고 있느냐가 영웅의 조건이 된다. 현대는 지적인 능력으로 큰돈을 버는 사람들이 더 영웅 대접을 받는다.

과거 남성의 육체적인 힘이 미덕인 시대에도 아폴론은 헤라클레스나 테세우스처럼 힘과 폭력으로 영웅대접을 받지는 않았다. 그는 어떤 사건의 해결에 있어서 합리적이고 객관적으로 일을 처리하였으며, 육체적인 힘을 자랑하는 영웅에 대해 적대적이었다. 그래서 헤라클레스가 도움을 구하는 것도 거절했다. 아폴론은 항상 냉철하고 지적인 풍모를 잃지 않았다.

아폴론이 매우 객관적이고 합리적이라고 하지만 그는 지나친 경쟁심을 가진 신이었다.

지적인 능력이 발달한 사람들의 가장 큰 특징은 끝없이 자신의 재능을 계발하고, 이를 통해 상대방을 이기고 지배하려 한다. 이 또한 현대인들에게 흔히 보이는 문제점이다.

아폴론의 경쟁심은 에우리토스와 마르시아스와의 시합을 통해서도 엿볼 수 있다.

에우리토스는 활쏘기를 잘했던 헤라클레스를 가르칠 정도로 활쏘기에 뛰어난 솜씨를 가지고 있었다. 그러나 자신의 분수를 망각하고

🏛 피톤을 죽인 아폴론 🏛
페테르 파울 루벤스 ㅣ 1636년 ㅣ 프라도 미술관

아폴론에게 활쏘기 시합을 하자고 제안했다. 경기의 결과는 당연히 아폴론의 승리였고, 에우리토스는 경기 후 아폴론에게 맞아 죽었다.

또 다른 인물인 마르시아스는 강의 정령이다. 그는 입에 대기만 해도 아름다운 음악이 흘러나오는 신기한 피리를 얻게 되었다. 마르시아스는 이 세상에서 가장 피리를 잘 연주한다는 주변의 칭찬에 고무되어 아폴론에게 도전했지만 패했다. 아폴론은 그를 나무에 묶어 산 채로 가죽을 벗겨 죽였다.

아폴론의 지나친 경쟁심은 바로 남들을 배려하는 능력이 없는 감정이 메마른 사람의 특징이라고 볼 수 있다. 패자에게 아량을 베풀거나, 하찮은 인간이 신에게 도전했다고 코웃음을 치고 넘어갈 수도 있는데 아폴론에게서는 일말의 동정심을 찾아볼 수가 없다.

좌뇌만 지나치게 발달하면 자신이 최고가 되어야 하며, 자신의 권위에 도전하는 자는 적으로 간주하고 반드시 승리를 쟁취하려는 특성을 가진다.

월 헌팅에게서도 그러한 그림자를 찾을 수 있다.

월은 무의식적으로 램보 교수의 눈에 띄고 싶었고, 똑똑하다는 MIT대학생들을 이기고 싶어 수학문제를 강의실 복도의 칠판에 풀었던 것이다. 그의 마음속에는 자신의 능력을 제발 알아봐 달라는 인정욕구가 강하게 자리 잡고 있었다.

그는 아폴론이 되고 싶었고, 당당히 올림포스산에 나타나 자신을 드러내지 않았지만 소극적인 방법으로 대리 아버지인 램보 교수 앞에 등장한다.

램보 교수는 처음에는 누가 수학문제를 풀었는지 알 수 없었다. 그러자 윌의 무의식은 자신을 다시 한 번 램보 교수에게 노출시키고 싶어 다시 강의실 복도에서 수학문제를 풀었고, 결국 램보 교수는 수학의 천재를 발견했던 것이다.

이후 그는 자신의 지적인 능력을 과시하기 위해 우연히 카페에서 만난 하버드 대학생을 풍부한 지식으로 압도해버리고 인간적인 모욕감도 안겨준다. 또한 자신을 구해주었던 램보 교수와 수학공부를 하는 도중에도 뛰어난 수학적인 재능을 과시하며 램보 교수를 무시하기까지 한다. 그리고 정신과 치료를 시작할 때 자신을 면담할 정신과 의사들의 책을 미리 구입해서 읽어 보고 그들의 약점을 공격해서 자신을 방어했다.

윌은 자신과 관련을 맺는 모든 사람을 이겨야 한다는 집착에 빠져 있어 불필요하게 경쟁을 하고 상대방이 패퇴하도록 애쓰는 것이다.

아폴론적 유형에게 사랑의 의미

아폴론적인 인물의 다른 특징 중 하나는 감정의 가장 큰 역할인 사랑에 매우 서툴다는 점이다.

아폴론은 잘생긴 외모와 다재다능한 능력을 가지고 있었음에도 여인과의 사랑에서는 낙제점을 면치 못했다. 아폴론은 실연의 연속이었다.

월계수로 변한 다프네에게 사랑을 거부당한 사건도 그중 하나다.

이뿐만 아니라 에우에노스 왕의 딸 마르페사를 사랑한 적도 있다. 마르페사에게는 이다스라는 약혼자가 있었다. 그래서 아폴론은 그녀를 빼앗으려 했지만 이다스도 가만히 있지 않아 둘 사이에 격렬한 싸움이 벌어지게 된다. 이때 제우스가 중재안을 내놓는데 마르페사에게 둘 중 하나를 선택하라는 것이었다. 마르페사는 자신은 인간이고, 결국 세월이 지나 자신이 늙게 되면 아폴론은 떠나버릴 것이라 생각해 인간인 이다스를 선택한다.

또 예언자로 유명한 트로이의 프리아모스 왕의 딸 카산드라를 사랑한 적도 있다. 카산드라는 처음에는 예언 능력이 없었다. 아폴론이 그녀의 사랑을 얻기 위해 어떤 소원이든 들어주겠다고 하자 카산드라는 예언하는 능력을 달라고 했고 아폴론이 들어주었던 것이다. 아폴론은 약속을 지켰지만, 카산드라는 자신의 소원을 이루자 아폴론을 거리낌 없이 차버렸다. 화가 난 아폴론은 카산드라에게 준 예언의 능력은 그대로 두고 카산드라의 예언을 아무도 믿지 않게 만든다. 그래서 카산드라가 아무리 정확한 예언을 해도 남들은 믿지 않게 되었다.

윌 헌팅도 연애가 서투르기는 마찬가지다.

우연히 만나게 된 스카일라와 연애를 시작하게 된 계기도 그녀에게 호감을 가졌다기보다는 하버드대 남학생의 자존심을 건드리기 위한 의도로 시작된다.

스카일라가 윌에게 점점 사랑을 느끼고 접근할수록 윌은 더욱 부

🏛 카산드라 습작 : 자신의 죽음을 예감하는 카산드라 🏛

제롬 마르탱 랑글루아 Ⅰ 1810년 Ⅰ 샹베리 미술관

담감을 느끼게 된다. 어떤 여성과 감정적으로 친밀해지는 것이 두렵기 때문이다. 감정적으로 친밀해지게 되면 자신이 다른 사람에게 지배당하고 자신의 존재는 모두 사라져버릴 것이라고 생각해 친밀해지는 것을 꺼린다.

아폴론적인 인물은 가슴이 아니라 머리로 사랑을 하고, 인간이 가진 느낌이나 감정을 믿으려 하지 않는다.

월은 스카일라가 캘리포니아에 같이 가자고 했을 때 당혹스러워한다. 어떤 사람이 어떤 사람을 아무런 조건과 논리적인 근거 없이 받아들일 수 있는지 이해할 수 없기 때문이다.

월이 묻는다. "어떻게 나와 살 수 있는 것을 확신하지?"

그러자 스카일라가 대답했다. "그냥 알아, 왜냐하면 느낄 수 있거든."

감정적인 기능이 퇴화된 월은 스카일라의 말이 도저히 이해되지 않는다. 하지만 사랑에 대해 어떤 논리적 근거를 댈 수 있겠는가. 스카일라는 사랑한다는 말밖에 할 수가 없다.

그래서 월은 스카일라의 제안을 거절한다. 그리고 혼자 남겨진다.

아폴론과 월은 이처럼 여러 가지 면에서 공통점을 갖고 있지만, 물론 다른 점도 있다.

아폴론의 오만함과 이성적이고 지적인 능력은 바로 제우스라는 아버지로부터 비롯된 것이다. 왕 중의 왕, 신중의 신인 제우스가 아폴론을 최고의 아들로 인정하고 다른 신들에게 자랑스러워하는 점이 아폴론의 자부심을 높여주었다.

어린 시절 부모로부터 긍정적인 평가와 존중을 받은 아이가 성인이 되어서도 자신에 대한 자신감을 유지할 수 있는 것과 같은 이치다. 또한 이렇게 집안에서 인정을 받게 되면 자식은 부모가 무엇을 원하는지 읽어내고 부모의 바람에 따라 모범적인 자녀로 성장한다.

제우스가 아폴론에게 바랐던 것은 무엇이었을까?

가부장제하에서 가장 모범이 될 수 있는 덕목인 지성과 이성, 합리성, 경쟁심 등이다.

반면 월은 지적인 능력과 머리로만 인생을 살아가려는 면은 아폴론적이라고 할 수 있지만 아폴론에게서 발견되는 기품과 안정감은 없다. 그런 그의 심리상태는 월과 션이 처음 만났던 션의 사무실에 걸린 그림을 통해 간접적으로 전달된다.

'거친 파도가 일렁이는 바다에 홀로 떠 있는 작은 배'의 그림에서 거친 파도는 바로 항상 격정적이고 파괴적인 그의 감정을 말한다. 여기서 작은 배란 그의 현재 상태를 말하는데, 그의 격정적인 감정으로 인해 난파 위기에 빠질지 모르는 그의 현실을 말해주는 것이다.

실제로 월은 지적인 능력은 뛰어나지만 감정을 제어하지 못해서 싸움을 일삼고 도둑질 등 범죄를 저질렀다. 그의 운명은 언제 난파될지 모르는 불안정한 상태였다. 사무실에 걸린 그림은 션이 아니라 월의 심리상태를 보여주었던 것이다.

월이 자신의 감정을 제어하지 못하고 항상 불안정한 상태에 놓였던 이유는 타고난 그의 지적인 재능에서 비롯된다.

월은 부모의 따뜻한 돌봄을 받지 못해 그에게는 언제나 채워지지 않는 감정의 허기가 있다. 그래서 그의 마음속에는 항상 자신의 감정을 채우고 싶은 욕구가 있었다. 그러나 그는 어린 시절 사랑을 받기는커녕 신체적 학대까지 당한다.

따라서 그는 타인에게 의존하고 사랑받고 싶은 감정은 매우 위험하다고 여기게 되었을 것이다. 이로 인해 월은 더욱더 감정을 자제하고 지식과 논리로 무장한 채 타인을 대하는 습관이 생기게 된다. 지식과 논리는 인과법칙의 영역이기에 예측이 가능하며, 어긋남이 없기 때문이다. 특히 수학은 가장 논리적이고 정확한 학문이다. 따라서 가장 신뢰할 수 있기 때문에 월은 수학을 좋아하고 수학에서 천재적인 재능을 발휘하게 된 것이다.

그럼에도 불구하고 감정은 계속 배고픔을 호소하기 마련이다. 어린 시절 채워지지 않은 감정의 결핍은 결국 죽을 때까지 지속되기 때문이다.

이성적 관점에서 보자면 남과 관계를 맺고 사랑을 받고, 또 사랑을 하는 행위는 유치해 보인다. 특히 현대사회에서 사람들은 이성과 지성적인 면은 어른의 영역에 속하고 감정은 어린이들이 가진 미발달된 부분이라고 평가절하해왔다.

월처럼 지성적인 부분이 발달한 사람들은 자신이 감정적이라는 것에 열등감을 가지며, 자신에 대해 불만과 분노감이 많을 수밖에 없다. 이런 자신에 대한 분노감은 결국 자신이 견딜 수 없기 때문에 남들에게 전가하게 된다. 그래서 월은 항상 타인에 대해 적대적이고 폭력적이다. 자신의 잘못을 남들에게서 발견하기 때문이다.

머리보다 가슴이 충만할 때 삶이 풍요로워진다

감정적으로 미숙했던 윌이 감정을 추스르고, 좌뇌뿐 아니라 우뇌가 활성화되는 기회가 찾아온다. 바로 션과의 만남이다.

〈굿 윌 헌팅〉에서 고아인 윌에게 심리학자인 션은 남자이지만 대리 어머니의 역할을 한다. 반면 심리적으로 램보 교수는 윌의 지적인 부분만 관심이 있는 대리 아버지 역할로 볼 수 있다. 또한 램보 교수와 심리학자 션은 윌 헌팅 안에 존재하는 이성과 감정의 대립된 양상을 표현하는 살아 있는 인물이기도 하다.

대리 아버지 램보 교수는 사실 윌의 감정적인 측면은 관심이 없었다. 단지 그의 재능만을 인정하고, 그 재능으로 인해 자신의 아들로 삼고 싶은 것이다. 즉, 현대의 아버지들이 아이들의 감정적인 측면보다는 아이의 능력에 따라 사랑하고 미워하는 것과 마찬가지다.

또한 이 능력을 통해 자신의 아들인 윌이 세상에 이름을 날리고 부와 명성을 얻기를 바랄 뿐이다. 그는 감정을 중요시하는 사람은 사회의 낙오자라고 생각하기도 한다. 그래서 윌의 감정적인 측면을 중요시하는 션을 보고 열등감에 젖어 은둔하며 지낸다고 깎아내린다.

램보 교수는 윌이 무장하고 있는 지식과 이성의 갑옷을 션이 벗겨

버리면 그가 평범한 인간으로 전락하지 않을까 걱정한다.

그러나 대리 어머니 션은 그것을 벗기려고 한다. 그 갑옷으로 인해 월은 인간관계를 잘 맺지 못하고 항상 침울한 나날을 보내야 할 것이라는 사실을 알고 있기 때문이다.

또한 그가 지금까지 받지 못했던 사랑을 채워주려고 노력한다.

션은 월에게 우간다 신화에 나오는 무티마, 즉 심장을 월의 가슴에 넣어주려고 시도한다. 심장이 상징하는 감정 없이 이성과 지성만 있다면 인간의 가슴은 항상 텅 비어 있을 수밖에 없기 때문이다.

무티마를 통해 신을 만난다는 것은 삶의 기쁨과 활력은 감정을 통해서만 가능하다는 의미다.

그리스 신화에서도 아폴론의 편향된 이성적이고 합리적인 부분이 보완되는 모습을 발견할 수 있다. 아폴론의 신전에는 디오니소스를 모시는 방이 마련되어 아폴론이 겨울 네 달 동안 북방으로 떠나고 디오니소스에게 신전을 양보한다. 그 시대에도 아폴론과 디오니소스의 공존, 즉 이성과 감정의 조화가 필요하다는 것을 알았기 때문이다.

결국 월은 자신을 지탱하게 해주었던 지식과 이성에 매달리지 않고 불안한 감정에 의지해 본다. 이런 과정을 가속화한 것은 스카일라와의 사랑도 큰 역할을 했다. 사실 이성에 대적할 수 있는 무기는 사랑만 한 것이 없다.

월은 자신의 낡은 집을 버리고 떠난다. 집은 상징적으로 영혼이 거주하는 장소라는 의미가 있다. 따라서 그가 집을 버리고 떠나는 것은 과거의 사고, 행동, 습관을 버리고 새로운 영혼을 담을 집으로 떠난다는 의미이며 새 출발을 의미한다.

또한 그가 스카일라를 만나러 가는 여정에 놓여 있는 끝없는 길은 그에게 펼쳐진 새로운 인생을 의미한다. 이제 그는 자신의 텅 빈 가슴속에 집어넣을 무티마를 찾아 나선 것이다.

12몽키즈

이성적인 여자와 감성적인 남자

카산드라 콤플렉스의 시작

트로이의 왕인 프리아모스와 왕비인 헤카베 사이에는 첫째 아들 헥토르가 있었다. 그는 태어날 때부터 덩치가 컸는데 트로이 전쟁에서 맹활약을 했다. 그리고 딸 카산드라가 태어났다. 프리아모스는 당시의 관례대로 신탁을 찾아가 아들과 딸의 운명에 대해 묻는다.

신탁은 헥토르에 대해서는 "크산토스 강이 범람하지 않는 한 나라의 영광이 될 것이며, 결코 패하지도 않을 것"이라고 했다. 그리고 카산드라에 대해서는 "나처럼 미래를 읽어내는 힘을 갖게 될 것이지만, 아무도 그녀의 말을 믿지 않을 것이다"라고 했다.

카산드라는 자랄수록 미모가 출중해져 신들의 눈에까지 띄게 되었다. 아폴론이 어느 날 태양 마차를 몰고 하늘을 돌던 중 그녀를 발

🏛 트로이로 들어가는 목마 🏛
지안 도메니코 티에폴로 ｜ 1760년 ｜ 런던 내셔널 갤러리

견하고 첫눈에 반한다. 태양의 신 아폴론은 카산드라에게 완전히 빠져서 그녀의 환심을 사기 위해 예언의 능력을 준다. 그러나 카산드라는 이 예언의 능력을 받고는 아폴론의 사랑을 매몰차게 거절해 버린다. 이에 화가 난 아폴론은 카산드라에게 예언의 능력은 그대로 남겨졌지만, 아무도 그의 예언을 믿지 않게 만들었다.

아폴론은 이별을 선언한 카산드라에게 마지막으로 작별의 키스를 하자고 제안한다. 카산드라는 마지막이니 허락을 하게 되었는데, 이때 아폴론은 키스를 하면서 그녀의 혀에 있는 설득력을 모두 빼앗아 버린다. 그래서 그녀는 아무리 옳은 예언을 해도 아무도 믿지 않게 된 것이다.

이후 카산드라가 아무리 정확한 예언을 해도 사람들은 그녀의 말을 믿지 않았고, 그녀는 속이 탈 지경이었다. 분명 진실임에도 자신이 예언을 하면 헛소리로 간주되었기 때문이다. 무당이 예언을 하기 전 황홀경에 빠지듯이, 카산드라도 예언을 하기 전에 멍하니 하늘을 응시하며 정신이 나간 사람처럼 보였다. 그래서 그녀가 미친 여자라고 생각하는 사람들도 있었다.

그리스와 트로이의 전쟁이 일어났을 때, 그녀는 그리스군이 만들어 놓고 떠난 트로이의 목마를 절대로 성안에 들여놓지 말라고 말했다. 하지만 트로이 사람들은 그리스군을 이겼다는 승리에 들떠 트로이의 목마를 성안으로 들여놓고 만다. 그날 밤 트로이의 목마 안에 숨어 있던 그리스군이 성문을 열어주고, 배를 타고 떠난 척했던 그리스군이 돌아와 트로이를 함락한다. 트로이는 결국 전쟁에 패하고, 카산드라는 전쟁포로가 되어 그리스로 끌려가는 신세가 되었다.

당시 그리스군의 총지휘관이었던 아가멤논이 카산드라를 차지하게 되었다. 아가멤논은 호기심에 카산드라에게 너는 어떻게 미래를 그리 잘 예언하느냐고 물어본다. 그러자 나라가 망한 것 때문에 슬픔에 차 있던 카산드라는 힘없는 목소리로 대답한다. "저는 항상 최악의 것을 예상하죠. 그렇게 하면 절대로 틀리지 않습니다."

그리스로 돌아가는 배에서 카산드라는 아가멤논에게 마음을 조금 열게 된다. 그리고 다시 한 번 아무도 믿지 않을 예언을 한다.

"당신은 그리스로 돌아가면 안 됩니다. 죽음이 당신을 기다리고 있습니다. 그럼에도 불구하고 굳이 돌아가겠다면 아내인 클리타임네스트라를 조심하세요."

하지만 아가멤논은 카산드라의 경고도 그녀의 지나친 비관론이 만든 말이라고 일축한다. 그러나 그리스로 돌아간 아가멤논은 아내인 클리타임네스트라와 그녀의 정부인 아이기스토스에 의해 살해당하고 만다. 카산드라의 예언을 허투루 듣는 바람에 아가멤논은 결국 목숨을 잃고 만 것이다.

🎬 진실을 알리려는 시간여행자

사랑하는 사람이 생기면 왜 내 마음대로 움직여지지 않는지 답답하고, 왜 내가 사랑하는 만큼 그 사람도 나를 사랑해 주지 않는지 불만

🏛 아가멤논의 살해 🏛
피에르 나르시스 게랭 | 1817년 | 루브르 박물관

이 쌓이기도 한다. 게다가 취향도 서로 달라 자주 다툼이 일어나기도 한다.

이렇듯 연인들은 이런저런 성격의 차이로 인해 사랑하면서도 고통스럽다.

〈12몽키즈〉라는 영화는 SF영화지만, 그 저변에 깔린 것은 사랑이야기다. 주인공 두 남녀는 어떤 차이가 있고 어떤 갈등을 겪게 되는지 객관적 입장에서 보다 보면 연인과의 갈등에 대한 실마리를 찾을 수 있을 것이다.

한 남자가 경찰서 유치장에 온몸에 멍이 든 채 쇠사슬로 묶여 웅크리고 앉아 있다. 그는 거리에서 옷도 거의 입지 않고 배회하다가 경찰에게 발견되어 경찰서까지 온 것이다.

경찰은 그의 이름이 제임스 콜이라는 것만 알 뿐 그에 대한 정보가 전혀 없다. 이에 정신과 의사 캐서린 레일리가 호출을 받고 그를 면담하기 위해 철창으로 들어간다.

제임스는 "나는 가야 돼. 나는 더 조사를 해야 돼. 아 그리고 공기가 너무 상쾌하다"는 말을 하더니 지금이 1996년이냐고 묻는다. 하지만 그때는 1990년이었다.

1996년 지구에 바이러스가 퍼져 대부분의 인구는 사망하고, 나머지 사람들은 지하세계로 피신한다. 2035년 지하세계에 피신한 과학자들은 타임머신을 이용해 제임스 콜을 1996년으로 보낸다. 미래의 과학자들은 누가 어떻게 바이러스를 퍼뜨렸는지 알아내기 위해서 그를 보낸 것이다. 제임스는 지하세계에서 범죄를 저질러 죄수 신분이었지만 임무를 잘 수행하면 사면된다는 조건으로 과거로 간다. 그런데 과학자들의 실수로 1996년이 아니라 1990년으로 가게 된다.

정신병원으로 옮겨진 제임스는 그곳에서 조울증 환자인 제프리 고인즈를 만나게 된다. 그는 말이 많고, 기분이 들떠 있는 전형적인 조증환자다.

여러 명의 정신과 의사 앞에서 면담을 하게 된 제임스는 의사들에게 12몽키즈 단체를 아느냐고 묻는다. 그러더니 지금은 1990년이니 12몽키즈 단체가 아직 활동을 시작할 때가 아니라고 말한다. 정신과 의사들은 그가 심한 망상을 가진 정신병자라고 생각한다.

그 후 제프리의 도움을 받아 정신병원을 탈출하려고 했던 제임스는 독방에 갇히게 되고, 다음 날 자취도 없이 사라진다.

시간이 흘러 1996년의 어느 날, 캐서린 박사가 강의를 마치고 차를 타려는 순간 제임스가 차에 올라타더니 그녀를 납치한다. 그리고 12몽키즈 단체가 바이러스를 퍼뜨렸다고 생각한 제임스는 그의 집으로 찾아가 제프리에게 사실을 말하려고 하지만 제프리는 그를 쫓아낸다. 그런데 제임스가 느닷없이 또 사라진다.

이렇게 제임스는 캐서린 앞에 나타났다가 사라지기를 반복한다. 캐서린은 그런 그의 정체를 알 길이 없다.

하지만 시간이 지나면서 캐서린은 제임스가 말했던 것이 사실임을 알게 되고, 그가 다시 나타나기를 기다린다. 드디어 제임스가 남루한 차림으로 거리에 다시 나타나고 캐서린은 그를 알아보고 달려간다.

그들은 곧 바이러스가 퍼져 세상의 종말이 올 것이라는 사실을 알고 비행기를 타고 먼 외국으로 도피할 생각으로 공항으로 떠난다.

이때 거리는 동물원에서 탈출한 동물들 때문에 교통이 마비된다. 12몽키즈 단체는 바이러스를 퍼뜨린 것이 아니라 동물원에 제프리의 아버지인 생물학자를 가두고 동물들을 풀어놓았던 것이다.

제임스와 캐서린은 12몽키즈 단체의 짓이 아니라는 사실을 알고는 기쁨에 들뜬다.

하지만 공항에 도착했을 때 제임스가 알고 지내던 호세라는 남자가 다가와 그에게 권총을 쥐여주면서 바이러스를 퍼뜨릴 범인을 죽이라고 지시한다. 만약 그렇게 하지 않으면 캐서린을 죽이겠다고 협박한다. 호세도 미래에서 보낸 남자였다.

전 세계에 바이러스를 퍼뜨린 범인은 염세주의자였던 제프리 박사의 연구원이었다. 그는 전 세계를 돌며 바이러스를 퍼뜨리기 위해 바이러스를 들고 공항검색대를 통과하고 있었다. 이때 그를 알아본 캐서린은 제임스에게 그가 범인이라고 말한다. 제임스는 공항검색대를 무단으로 통과해서 그에게 총을 겨누지만, 공항검색요원들이 쏜 총에 맞아 죽게 된다. 캐서린은 죽어가는 그를 안은 채 비명을 지르지만, 이내 공항 주변을 둘러본다. 제임스의 말이 생각났기 때문이다.

제임스는 공항에 들어서는 순간 자신이 어린 시절 이곳에 왔었다는 말을 했었다. 실제로 제임스가 죽던 시점에 어린 시절의 제임스가 미래에서 온 자신이 죽어가는 것을 목격한다. 그래서 제임스는 캐서린을 처음 보는 순간 어디서 많이 봤다고 느꼈던 것이다.

📽 너무 다른 두 남녀가 사랑에 빠질 수 있는 조건

〈12몽키즈〉는 SF영화이지만 한편으로 비극적인 러브스토리기도 하다. 이 영화는 이성적인 여성과 감성적인 남자의 사랑이야기를 담고 있다.

캐서린의 직업은 정신과 의사다. 그녀는 정신과 의사이기는 하지만 과학적인 관점에 입각해 정확한 논리적 근거와 이성적인 판단이 뒷받침되어야 믿는 타입이다. 제임스는 자신이 미래에서 왔다고 주장하는데, 캐서린의 입장에서는 그것을 믿을 만한 객관적 증거가 없기 때문에 그를 믿지 않는다.

반면 제임스는 감성적인 남자다. 그는 과거의 지구로 와서 캐서린의 차를 타고 갈 때 라디오에서 흘러나오는 음악에 심취해 어린아이처럼 즐거워하고, 머리를 차창 밖으로 내밀며 지구의 공기가 너무나 상쾌하다고 말한다. 그는 그 자리에서 기분이 내키는 대로 표현하고 즐거워하는 타입임을 알 수 있다.

감성적인 사람의 특성 중 하나가 즉흥적이고 다소 무계획하다는 것이다. 〈12몽키즈〉에서는 제임스가 시간여행자로 등장한다. 그는 예측할 수 없는 시간에 예측할 수 없는 장소에 불쑥불쑥 나타난다. 이것은 낭만적으로 보일 수도 있지만, 기분에 좌지우지되는 성향을 보어준다.

또한 제임스는 미래에서 온 사람이다. 자기가 실제 살고 있는 곳은 미래여야 하는데, 과거로 시간여행을 와서 자신이 존재하지 않는 공간에 등장한다. 이는 감성적인 사람들이 다소 몽상적인 성향이 있으며, 현실에 발을 붙이지 못하고 이곳저곳을 넘나든다는 것을 상징적으로 보여준다.

특히 감성적인 남성(또는 여성)은 카산드라 신드롬, 또는 콤플렉스(Cassandra syndrome, complex)를 겪을 수 있다.

예언자인 카산드라가 정확한 예언을 해도 아무도 그 예언을 믿지 않은 것처럼, 제임스가 인류가 바이러스에 의해 멸망할 것이라고 아무리 말해도 캐서린은 그 말을 믿지 않는다.

카산드라 콤플렉스를 가진 사람들은 자신의 말이 맞는데도 불구하고 주변 사람들이 믿어주지 않아 상처를 받고 좌절감을 느낄 수밖에 없다. 영화에서 캐서린이 카산드라 콤플렉스에 대해 강의를 하는 장면이 나온다. 이는 제임스가 겪어야 하는 카산드라 콤플렉스에 대해 미리 복선을 깐 것이다.

이성적인 사람들에게는 감성적인 사람이 논리의 비약이 심하고, 지나치게 즉흥적이며, 기분에 좌우되는 것처럼 느껴진다. 그래서 감성적인 사람의 말을 믿으려 하지 않는다. 그냥 기분에 들떠서 떠드는 헛소리라고 생각한다.

그래서 감성적인 남성(또는 여성)이 이성적인 여성(또는 남성)을 만나게 되면 자신이 말하는 것을 이해하지 못하는 상대방으로 인해 카산드라가 겪었던 좌절감을 맛보게 된다.

〈12몽키즈〉의 제임스와 캐서린처럼 이성적인 여성과 감성적인 남성이 만나면 처음에는 서로 맞지 않는 면이 너무나 많다. 이성적인 여성은 논리적이지 못하고 근거 없이 말하는 감성적인 남성이 뭔가 빈틈이 많고 즉흥적이라고 생각한다. 반면 감성적인 남성은 이성적인 여성이 피도 눈물도 없는 냉정한 사람으로 느껴진다. 그러다 다행히 둘의 접점을 찾게 되면 자신의 부족한 점을 상대방이 채워주기 때문에 서로 뜨거운 사랑을 할 수 있는 가능성이 생긴다.

〈12몽키즈〉에서는 제임스가 지구 멸망의 증거를 하나하나 제시하자 처음에는 믿지 않았던 캐서린이 점차 그가 말한 것들이 맞아떨어짐을 알게 된다. 이성적인 사람이 좋아하는 근거가 뒷받침된 것이다. 또한 감성적인 사람은 어떤 논리적 근거를 가지고 판단하는 것이 아니라 직관이나 감성에 따라 판단을 하는데 그것이 처음에는 허황된 판단처럼 보이지만 나중에 의외로 들어맞는 때도 많다.

캐서린이 비로소 제임스를 믿기 시작하면서 둘은 사랑하는 사이가 된다. 그리고 두 사람이 더욱 사랑할 수 있었던 것은 지구가 멸망한다는 사실을 둘만 알고 있기 때문이다. 두 사람만이 공유하는 비밀은 사랑을 배가시키기 마련이다.

우리는 서로 다른 사람이 서로 다른 성격을 가지고 만나 사랑에 빠진다. 그래서 오해가 생기게 마련이고, 서로 맞지 않는 면이 있을 수밖에 없기에 사랑은 누구에게나 쉽지 않은 것이다. 만약 서로의 다름과 차이점을 이해하고 인정해주면 사랑을 이어나갈 수 있지만, 그

깃을 극복하시 못하면 지속하기 어렵다.

또한 서로의 차이를 자신을 사랑하지 않기 때문이라고 생각하는 커플도 많다.

어떻게 보면 사랑의 요체는 상대방과 나의 다름과 차이를 이해하고 받아들이는 데 있다. 사랑이라는 감정은 그것을 가능하게 하기 때문이다.

브로크백 마운틴
사랑은 성의 구분이 아닌 사람을 향한 감정

아폴론과 미소년 히아킨토스의 슬픈 사랑

스파르타의 왕 아미클라스와 왕비 디오메데 사이에는 히아킨토스라
는 아들이 있었다. 그는 곱슬곱슬한 금발머리에 하얀 피부를 가진 미
소년이었다. 태양의 신 아폴론이 그를 사랑하게 되었고, 둘은 항상
동행하며 운동과 놀이를 즐기곤 했다.

히아킨토스는 원반던지기를 즐겼는데, 아폴론과 함께 평소처럼
원반던지기 놀이를 하고 있었다. 아폴론이 히아킨토스를 향해 원반
을 던지면 히아킨토스가 받아서 아폴론에게 던져주는 것이었다. 서
로 원반을 주거니 받거니 하다가 히아킨토스가 아폴론보다 원반을
더 멀리 던지게 되었다. 이에 승부욕이 강한 아폴론은 비록 연인 사
이지만 히아킨토스에게 지는 것을 참지 못해 온 힘을 다해 원반을

🏛 히아킨토스의 죽음 🏛
장 브로크 ㅣ 1801년 ㅣ 생트 크루아 미술관

던졌다. 이때 히아킨토스는 빨리 원반을 줍고 싶은 마음에 원반을 향해 뛰어갔다. 그런데 원반이 땅에 부딪치면서 튀어 올라 히아킨토스의 이마를 정통으로 맞히고 말았다. 히아킨토스는 그대로 쓰러져 얼굴이 점점 창백해지더니 숨을 거두었다.

연인이 이마에서 피를 흘리며 죽어가는 것을 속수무책으로 지켜봐야 했던 아폴론의 얼굴도 창백해졌다. 그는 연인의 죽음 앞에서 울부짖었다. "내가 너의 생명을 하데스가 지키는 저승으로 보내고 말았구나. 차라리 너 대신 내가 죽을 수 있다면 얼마나 좋을까!"

그렇게 아폴론이 울부짖고 있을 때 히아킨토스의 이마에서 흘러내린 피는 땅을 적시고 그곳에서 백합과 닮은 자줏빛 꽃이 피어났다. 이 꽃은 나중에 히아신스라고 불렸으며, 이 꽃의 꽃잎에는 아폴론이 울부짖으며 외쳤던 "아아" "아아"라는 글자가 아로새겨졌다.

🎬 세 가지 성을 가진 원초적 인간의 모습

플라톤은 《향연》에서 인간보다 먼저 존재했던 인간의 조상에 대해 이렇게 언급한다.

"지구상의 첫 번째 인간은 현재의 사람과는 완전히 다른 모습을 지니고 있었다. 이들은 키가 크지도 작지도 않았으며 원통형으로 생겼다. 머리는 두 개였으며, 각각 반대 방향을 바라보고 있었다. 다리와 팔은 각각 4개였다.

이들은 세 가지 성별로 구분할 수 있었는데, 남성의 성기를 한 쌍 가진 부류와 여성의 성기를 한 쌍 가지고 있는 부류 그리고 남녀 성기를 각각 한 개씩 가지고 있는 부류로 나뉜다."

이를 통해 플라톤은 인간의 성별을 완전한 남성, 완전한 여성, 그리고 남녀 성기를 모두 가진 자웅동체의 세 가지로 나눈 것을 알 수 있다.

이들 원초적인 인간들은 떼려야 뗄 수 없는 자신 안에 존재하는 상대방을 지나치게 사랑하게 되었으며, 이것을 매우 자랑스럽게 생각했다. 이런 자만심은 정도를 넘어 신들의 영역을 넘는 오만함에 빠지고 만다.

결국 분노한 올림포스의 주신인 제우스는 원초적인 인간들을 벌주기 위해 반으로 갈라놓는다. 이로 인해 원통형의 몸매는 홀쭉하게 되었으며, 팔과 다리는 각각 2개로 줄어들었고, 이제 다시는 앞과 뒤로 볼 수 없는 신세가 된다. 가장 불행한 것은 이제 한 개의 성기만을 가지게 된 사실이었다. 또한 신이 이들의 몸을 거칠게 잘라 놓았기 때문에 잘라진 부분이 매우 흉하게 남고 말았다.

그리스 신들은 미에 대한 집착이 심했기 때문에 자신이 갈라놓은 반쪽 인간들의 외모를 아름답게 바꿔주려고 했다. 아폴론이 이 작업에 깊게 관여하는데, 그는 인간의 피부를 끌어당겨 잘라진 면을 덮고는 매듭을 지었다. 이 매듭이 바로 배꼽이 된다.

이렇게 현재 존재하는 인간의 모습이 만들어지게 된 것이다.

고대 그리스인들은 인간이 사랑하는 사람을 찾아 헤매는 이유는 바로 신에 의해 갈라진 자신의 반쪽을 찾으려는 무의식적인 행동이라고 보았다. 또한 사랑하는 사람과 포옹을 하는 이유는 예전의 팔과 다리가 4개였던 상태로 돌아가려는 인간의 욕구 때문이며, 사랑하는 사람과 잠시도 떨어지고 싶지 않은 감정이 생기는 이유는 자신의 반쪽과 다시는 떨어지지 않으려 하기 때문이라는 것이다.

여기서 재미있는 점은 전에 남자 성기가 한 쌍이 있었던 사람은 이렇게 몸이 갈라진 후에도 남성만을 사랑하며, 여성의 성기가 한 쌍이 있었던 사람은 여성만을 사랑하게 된다는 것이다. 또한 남녀 성기를 각각 한 개씩 지니고 있었던 사람은 이성을 사랑하게 된다고 한다.

고대 그리스인들은 동성애의 근원이 바로 원초적 인간의 형태에서 비롯되었다고 보았다.

그리스인들은 이처럼 원초적 인간이 분할된 것에 대해 별로 불만이 없었다. 그들은 "인간의 사악함 때문에 인간은 분리되었지만, 신에게 헌신한다면 다시 예전의 모습으로 돌아갈 수 있는 축복을 준다"고 믿었다.

그것이 바로 사랑의 감정이며, 잘린 자신의 반쪽을 찾을 수 있는 단서가 되는 것이다.

그리스 신화를 보면서 사람들은 이따금 놀라게 된다. 바로 신들에게 만연한 동성에 대한 사랑 때문이다.

우선 올림포스의 주신인 제우스를 보면, 그는 트로이의 젊고 아름다운 양치기 소년인 가니메데스를 사랑하게 된다. 제우스는 자신의

🏛 가니메데스의 납치 🏛

페테르 파울 루벤스 ∣ 1636년 ∣ 프라도 미술관

본모습으로는 사랑을 이루기가 어렵다는 것을 알고는 독수리로 변해 가니메데스를 납치한다. 가니메데스는 천궁에서 불멸을 보장받고 술을 빚고 접대하는 일을 맡게 된다.

동성애는 제우스뿐 아니라 태양신 아폴론에게서도 발견되는데, 앞에서 소개한 히아킨토스와의 비극적인 사랑이 그것이다.

또한 바다의 신인 포세이돈은 펠롭스라는 청년을 올림포스산에 데려다 놓고 사랑을 나누기도 했다.

사실 그리스 신화 속의 동성애는 고대 그리스 사회의 성에 대한 관념과 태도를 반영하고 있다. 그리스 사회에서 남성은 여성보다 월등한 지위를 넘어 우상화되었다. 이러한 남성에 대한 이상화는 남성 사이의 지나친 동료애를 낳게 되었다. 그래서 남성들에게 첫 번째 성적 관심의 대상은 이성이 아닌 다른 남성(특히 성인 남성 시민)이었다. 그다음이 여성, 소년, 노예 등이었다.

즉 여성은 소년, 노예와 같은 정도의 성적인 대상으로 폄하되었다. 그래서 남성이 남성과 성관계를 갖는 것을 특권으로 여기게 되었다.

이렇게 그리스 사회에 만연했던 동성애는 현대의 동성애와는 차이가 있다. 현대에서 말하는 동성애는 사회적인 금기에도 불구하고 동성에 대한 욕망을 나타내고 있는 반면, 고대 그리스 사회에서는 동성애를 권장했다고 볼 수 있다. 당시 사회는 아름다움과 쾌락을 가장 이상적으로 생각하고 중시했기 때문이다. 고대 그리스인들은 남녀를 불문하고 아름답고 쾌락을 주는 대상을 선택했기에 그들에게 성의 구분은 중요하지 않았다.

또한 여성의 속성에 대한 비하와 여성과의 접촉으로 있을지도 모를 여성화에 대한 두려움 때문에 더욱 남성에게 탐닉하게 되었던 것으로 보인다.

그래서 그 당시에는 동성애가 합리화되기에 이르렀는데, 인간 이전에 있었다는 원초적 인간의 이야기가 그 근거가 되었다. 신의 노여움으로 갈라졌던 인간들이 자신의 반쪽을 찾고 사랑을 느낀다는 이야기가 명분을 제공한 것이다.

따라서 남성이 남성을 좋아하는 것도 여성이 여성을 좋아하는 것도, 또 이성간의 사랑도 모두 이 이야기로 인해 합리화되었다.

🎬 사회의 편견에 부딪쳐 이루지 못한 두 남자의 비극적 사랑

에니스 델마와 잭 트위스트라는 카우보이 복장을 한 두 명의 남자가 일을 얻기 위해 구직 사무실 앞에서 기다리고 있었다. 이윽고 한 직원이 사무실로 들어가자 둘은 그 직원을 따라 들어갔다. 그들이 얻은 일은 브로크백 마운틴에서 양을 치는 목동일이었다. 둘은 텐트에서 옹색한 생활을 이어나가면서 서로 조금씩 마음을 터놓게 된다.

에니스는 어린 시절 부모가 교통사고로 사망해 누나와 형의 손에서 자랐다. 그의 아버지는 동성애를 하다 맞아 죽은 어떤 남성의 시신을 일부러 자식에게 보여줄 만큼 동성애에 대한 혐오감을 가지고 있었다.

그러나 에니스와 잭은 같은 텐트에서 생활하면서 어느새 사랑하는 사이가 되어 사랑을 나눈다. 둘 사이에는 그렇게 동성애가 시작되었다. 그리고 둘의 사랑은 20년 동안 지속된다. 에니스는 어린 시절 부모가 일찍 돌아가신 것에 대한 콤플렉스가 있어 동성애를 매듭짓고 여자를 만나 가정을 꾸리고 싶어 한다. 또한 그의 머릿속에는 어린 시절 아버지를 통해 본 동성애자의 말로가 자리 잡고 있다. 그래서 그는 잭과 헤어진 뒤 여자를 만나 가정을 꾸린다.

에니스와 잭은 브로크백 마운틴에서 헤어진 지 4년 만에 에니스의 집에서 만나게 된다. 둘은 만나는 순간 마치 어제 헤어진 연인처럼 키스를 나누고 포옹을 하며 그동안 그리워했던 마음을 표출한다. 그러나 이 장면을 에니스의 아내가 보게 되면서 그의 가정은 깨지고 만다.

한편 잭도 그 사이에 결혼을 하고 아이를 낳았지만, 처갓집에서 사위로서 인정도 받지 못하고 있었다. 그래서 잭은 에니스에게 자신의 부모님이 사는 목장으로 가서 같이 살자고 제안한다. 그러나 적극적인 잭과 달리 에니스는 항상 우유부단하고 결정을 내리지 못한다. 에니스는 결국 잭의 제안을 거절한다.

그러나 둘은 연인으로 지내며 사랑을 시작했던 브로크백 마운틴에서 일 년에 한두 번 만나 야영을 하면서 둘만의 시간을 즐긴다. 둘은 당시 동성애가 사회적으로 금기시되었기 때문에 사랑하면서도 서로 그리워하며 가끔씩 볼 수밖에 없는 처지였다. 그러던 어느 날 에니스는 잭에게 만나자고 엽서를 보내고 수취인이 사망했다는 도장이 찍힌 엽서를 받는다. 그는 잭의 아내에게 전화를 건다. 잭의 아내는 잭의 유골의 반은 잭이 결혼한 곳에 있고, 나머지 반은 잭의 부모에게 보냈다고 말한다. 사실 잭은 동성애자를 혐오하던 마을 청년들에게 맞아서 죽었던 것이다.

에니스는 잭의 부모집으로 찾아갔고, 잭의 아버지로부터 잭이 자신이 죽으면 유골을 브로크백 마운틴에 뿌려달라는 이야기를 했었다고 전해 듣는다. 그리고 잭이 어린 시절 쓰던 방의 옷장에서 잭과 다투다 피가 묻었던 자신의 셔츠를 발견한다. 그 셔츠는 잭의 청재킷에 겹쳐진 채 옷장에 걸려 있었다.

에니스는 다시 혼자 살고 있는 트레일러로 돌아온다. 어느 날 딸이 찾아와 자신이 곧 결혼을 한다고 말한다. 에니스는 결혼식에 참석하겠다고 말하고 딸을 배웅한다. 그리고 그는 옷장을 열어 두 개의 셔츠가 포개져 있는 것을 눈물이 그렁그렁한 채 바라본다. 이번에는 잭의 청재킷을 에니스의 셔츠가 감싸 안고 있었다.

🎬 사랑에 성의 잣대를 들이대는 것은 또 하나의 편견

아폴론과 히아킨토스의 신화처럼 에니스와 잭의 사랑은 한 명의 죽음으로 끝난다. 그리고 히아킨토스의 이마에서 흐른 피가 히아신스라는 꽃으로 피어나 아폴론의 절절한 사랑을 표현한 것처럼, 에니스의 피가 묻은 셔츠와 잭의 겹쳐진 재킷은 잭과 에니스의 애절한 사랑을 상징한다. 아폴론과 히아킨토스의 사랑과 에니스와 잭의 사랑은 둘 다 피를 통해 연결되고, 죽지 않는 사랑을 의미한다.

아폴론이 히아킨토스를 죽음으로 몰아갔듯이, 에니스도 어쩌면 잭에 대한 죄책감이 있을 것이다. 자신이 우유부단하지 않고 잭의 제안을 받아들였다면 잭은 죽지 않았을 수도 있고, 둘의 사랑은 꽃피웠을 수도 있었기 때문이다.

〈브로크백 마운틴〉은 동성애를 묘사하고 있지만, 인간과 인간 사이의 사랑이라는 보편적인 전제를 깔고 이야기를 풀어나간다. 우리가 가진 편견과 공격성이 타인의 순수한 감정과 삶에 얼마나 치명적인 피해를 주고 파괴적일 수 있는지를 보여주고 있다.

〈브로크백 마운틴〉에서 에니스와 잭은 카우보이로 나온다. 카우보이는 남성성을 대표하는 직업이다. 그런데 이안 감독은 그것을 비틀어 가장 남성적인 곳에서도 사랑이라는 여성적인 속성, 특히 인류가 가진 보편적인 속성을 보여주려고 하였다. 사랑은 남자와 여자, 여자와 여자, 남자와 남자 사이에서도 충분히 일어날 수 있다는 것을 말이다. 그리스 신화는 그런 면에서 우리의 편견에서 자유롭게 아폴론과 히아킨토스의 사랑을 그리고 있다. 그러나 고대 멸망 후 동성 간의 사랑은 금기시되고 죄악으로 변질되며 그러한 인식이 사회 전반을 지배하게 된 것이다.

제4장

인간 내면의 본능과
욕망의 그림자

닉슨

가진 것보다 가지지 못한 것에
집착한 야심가

사람들은 많은 콤플렉스를 가지고 있다. 학벌이 좋지 못해서, 키가
작아서, 얼굴이 못생겨서, 몸매가 안 좋아서, 집안 배경이 보잘것없
어서, 부모의 학력이 너무 좋지 않아서, 너무 가난해서 등등 저마다
의 콤플렉스를 안고 산다.

이런 콤플렉스로 인해 항상 위축되어 있다가 남들이 그것을 건드
리기라도 하면 화를 참지 못하는 사람도 많다. 또 우리는 자신의 콤
플렉스와 관련된 화제가 나오기라도 하면 슬그머니 피해버리기도
한다.

콤플렉스는 우리를 평생 따라다니는 그림자와 같은 존재다.

우리는 콤플렉스라고 하면 바람직하지 못한 것쯤으로 간주한다.

하지만 성공스토리를 보면 집이 너무 가난해서, 제대로 교육을 받지 못해서, 자신의 성격이 마음에 들지 않아서 등등 자신이 가진 콤플렉스를 극복하기 위해 노력하다 보니 성공했다는 이야기가 주를 이룬다.

〈닉슨〉이란 영화는 한 사람의 콤플렉스가 어떻게 그 사람의 평생을 좌지우지했는지를 적나라하게 보여준다.

사실 콤플렉스는 우리 삶에서 양날의 칼이라 할 수 있다. 부정적인 면도 있지만, 반대로 긍정적인 면도 분명히 있다. 그것의 긍정적인 측면을 본다면 콤플렉스로 상처 받았거나 또는 받고 있다면 위안을 받을 수 있을 것이다.

1960년 대통령 선거에서 닉슨은 케네디에게 패배하고 난 뒤 이렇게 넋두리를 한다.

"하버드를 나오고 아버지에게 모든 걸 물려받은 그놈은 날 평생 따라붙어왔어. 나는 형편없는 옷에다 형편없는 학벌과 가문이지. 그건 나에게서 훔친 거야. 그는 나더러 격이 떨어진대. 국민들은 그놈을 좋아할 거야."

닉슨은 케네디에 대해 많은 콤플렉스를 가지고 있었다. 그는 워터게이트 사건으로 궁지에 몰렸을 때 케네디의 초상화 앞에서 이렇게 말한다.

"국민들은 당신을 통해 이상을 보고, 나를 통해 자기 자신을 보고 있지."

닉슨은 케네디보다 초라한 배경과 학력, 외모로 인해 국민이 자신을 좋아하지 않는다고 생각했다. 그는 1913년 캘리포니아주에 위치한 작은 시골 마을인 요버린더에서 태어났다. 아버지는 작은 식료품 가게를 운영했고, 집안은 매우 가난했다. 그는 휘티어 대학교를 졸업하고 다시 듀크 대학교 법학대학원을 마치고 간신히 개인 법률사무소를 차릴 수 있었다.

집이 매우 가난했지만 닉슨이 대학을 마칠 수 있었던 것은 형제들의 도움이 있었기 때문이다. 그런데 그 도움이란 것이 너무나 비극적이다. 동생과 형이 병으로 죽게 되면서 그의 집은 없는 살림에서 그의 학비를 조달할 수 있었기 때문이다.

닉슨은 동생이 죽고 형마저 죽자 실의에 빠진다. 이때 닉슨의 어머니는 "신이 너를 선택하기 위해 다른 형제를 희생한 것"이라고 하며 닉슨을 위로해준다.

그래서 닉슨은 대통령에 당선된 뒤 "나는 네 명의 시체를 넘어 대통령에 당선되었다"라고 했다. 두 명은 병으로 사망한 자신의 형제를 말하고, 두 명은 암살당한 존 F. 케네디와 로버트 케네디를 말한다.

닉슨은 입지전적인 인물이다. 여러 가지 악조건 속에서도 33세에 하원의원, 35세에 상원의원이 되었다. 1952년 아이젠하워의 러닝메이트로 부통령에 당선되었고, 1956년 재선에 성공한다. 1960년 대통령 선거에 출마했을 때 그의 나이는 47세에 불과했다.

1960년 대통령 선거에서 케네디에게 패배하고, 1962년에는 캘리포니아 주지사 선거에 나섰지만 케네디의 후원을 입은 브라운에게 고배를 마신다. 그는 결국 정계 은퇴를 선언하고 한동안 변호사 생활을 하다가 케네디가 암살당한 뒤 1968년 대통령 선거에 나섰다. 1968년 선거에서는 암살당한 존 F. 케네디의 동생인 로버트 케네디와 대결을 벌였지만, 로버트 케네디도 암살을 당해 가장 큰 정적이 제거된다. 그래서 그는 민주당의 험프리를 누르고 대통령에 당선되었으며, 1972년 재선에 성공했다.

그는 자신이 처한 여러 가지 악조건을 극복하고 잡초 같은 끈질긴 생명력으로 자신의 앞길을 개척한 사람이었다. 그의 입지전적인 성공은 콤플렉스가 원동력이 되었다. 변변치 못한 집안 배경과 변두리 대학의 졸업생이라는 사실은 그로 하여금 치열하게 앞길을 개척하도록 했다. 또한 자신의 탓은 아니지만 가난으로 인해 제대로 치료도 받지 못하고 사망한 두 형제에게 빚을 갚아야 한다는 부담감도 그에게 영향을 미쳤을 것이 분명하다.

그는 이런 많은 콤플렉스를 통해 자신 안에 존재하는 야망과 재능을 최대한 이끌어낸 인물이라고 볼 수 있다. 만약 그에게 콤플렉스가 없었다면 시골에서 자신의 큰 꿈도 한 번 펼쳐보지 못하고 생을 마감했을지도 모른다.

그런데 닉슨은 콤플렉스를 통해 자신의 발전을 이루었지만, 자신의 성과에 대해 만족할 줄을 몰랐다. 그는 대통령이 된 후에도 여전히 자신의 배경을 문제 삼아 다른 사람이 자신을 사랑하지 않을 것이라는 피해 의식이 있었다. 그래서 벌인 것이 워터게이트 사건이다. 또한 그는 다른 사람을 믿지 않아서 자신과 다른 사람이 대화한 내용을 몰래 테이프에 담아 보관하기도 했다.

만약 그가 자신이 꿈꾸었던 야망을 실현하고 이제 자신의 꿈을 이루었다고 만족했다면, 그는 정치가로서 무사히 대통령의 임기를 마칠 수 있었을 것이다. 그는 치욕적으로 미국 대통령 중에 유일하게 임기 중 사임했지만 그가 이룬 정치적인 성과는 결코 작지 않다. 하지만 더 많은 것을 가지려고 한 욕심으로 인해 그는 무너졌다.

콤플렉스는 부정적인 것만은 아니고 긍정적인 부분이 분명 존재하며, 자신의 꿈을 이루고 자신의 재능을 발전시키는 데 자극제가 된다. 자신의 꿈이나 야망을 이루고 난 뒤 이제 됐다는 만족감을 느끼는 순간 콤플렉스에서 벗어날 수 있다. 그러나 닉슨처럼 더 많이 인정받으려 하고, 더 많이 성공하려고 하면 콤플렉스는 결국 걸림돌이 되고 만다. 이것이 바로 콤플렉스의 양면성이다.

콤플렉스는 삶에 적당한 긴장감이 될 수 있다

'콤플렉스(complex)'라는 말은 정신분석가인 카를 구스타프 융이 강조한 개념이다. 그는 단어연상검사(수십 개의 단어를 하나하나 불러줄 때마다 제일 먼저 떠오르는 단어를 적도록 하는 검사)를 할 때 자신의 콤플렉스와 관련 있는 단어가 나오면 반응시간이 느리거나, 머릿속에 제대로 떠오르는 단어가 없거나, 말을 더듬거나, 얼굴이 붉어지는 등의 반응을 보인다는 것을 알게 되었다.

예를 들어 어머니에 대한 콤플렉스가 있는 사람이라고 한다면, 어머니나 부모라는 단어를 불러주었을 때 이런 지연 반응이 있을 수 있다. 피검인이 어떤 단어에 민감한 이유는 그 단어가 무의식적인 정서 반응을 불러일으키기 때문이다.

하지만 콤플렉스는 전문가가 아니더라도 쉽게 알아볼 수 있는 경우가 있다. 어떤 사람이 유독 특정한 주제에 대해 아주 예민하게 반응을 보인다면 그가 그것에 대해 콤플렉스를 갖고 있다고 볼 수 있다. 어머니 이야기만 나오면 금방 표정이 달라지거나 흥분하고 눈물을 흘리는 사람도 있고, 학벌 이야기만 나오면 말수가 적어지고 그 자리를 피하려는 사람도 있다. 어떤 사람은 술만 마시면 부자들에 대해 공격적인 말을 퍼붓고 적대시하기도 한다. 이는 대부분 자신이 가진 콤플렉스 때문이다.

우리는 재벌 2세나 전혀 부러울 것이 없는 환경에서 자란 사람들이 마약이나 음주, 폭행 등의 문제를 일으켰다는 보도를 접할 때가 많다. 일반인들이 보기에 그들은 남들이 모두 부러워하는 조건을 갖고 있음에도 무엇이 아쉬워 사회적인 물의를 일으키는지 이해하기 어렵다.

그러나 그들은 도리어 콤플렉스가 적기 때문에 자신을 계발하거나 개선할 필요성을 느끼지 못한다. 그러다 보면 인생의 목적이 없게 되고, 결국 그런 공허함을 술과 마약으로 채우게 된다.

그래서 일부러 콤플렉스를 만드는 경우도 있다. 극단적인 경우이긴 하지만 영화 〈서편제〉에서는 아버지가 고의로 딸의 눈을 멀게 하여 앞을 보지 못하는 콤플렉스를 만들어준다. 눈이 먼 딸은 아버지의 의도대로 콤플렉스를 극복하기 위해 더욱 판소리에 열중하게 된다.

콤플렉스가 없다는 것은 마치 모든 것을 다 갖춘 천국과 같은 것으로, 그곳에서 사람들은 행복할 것 같지만 도리어 지루함을 느낄 수밖에 없다. 도전하고 극복할 것이 아무것도 없기 때문이다. 따라서 콤플렉스가 많다는 것은 내 안에 나를 발전시키고 앞으로 나아가게 할 힘이 많다는 것을 의미한다.

그리스 신화에서 창조와 발명의 신이자 대장간과 화산의 신인 헤파이스토스는 콤플렉스가 많았다. 그는 추남에 절름발이 신이다. 헤파이스토스가 절름발이가 된 것은 사연이 있다. 아버지인 제우스와 헤라가 부부싸움을 하고 있을 때 헤파이스토스가 어머니인 헤라의 편을 들자 화가 난 제우스가 그를 집어던져 다리를 다쳐 절름발이가 된 것이다.

닉슨이 무능했던 아버지 때문에 가난을 견뎌야 했고, 어려운 성장기를 보내야 했던 것과 비슷하다. 닉슨은 사실 케네디가 나온 하버드 대학에 입학 허가를 받고도 너무 가난해서 다닐 수가 없었다. 그래서 어쩔 수 없이 캘리포니아의 휘티어 대학에 입학해야 했다. 그러나 그는 열심히 공부해서 전액 장학금을 받고 명문 듀크 대학 로스쿨을 졸업했다.

반면 어머니는 항상 닉슨을 격려해주고 그에게 분명 성공할 것이라는 믿음을 심어주었다. 마치 헤파이스토스를 밀어준 것이 헤라인 것처럼 말이다.

헤파이스토스의 추락

피에로 디 코시모 ㅣ 1490년경 ㅣ 워즈워스 미술관

헤파이스토스는 올림포스의 12신 중 유일하게 일을 한 신이었다. 그가 추남에 절름발이가 아니었다면 창작과 공예에 관심을 갖고 열심히 일을 하는 대신 즐기며 시간을 흘려보냈을 것이다. 그러나 그의 콤플렉스는 그에게 생산적이며 내적인 아름다움을 외적인 물질로 만드는 재능을 선사했다. 마치 닉슨의 외모와 그의 변변찮은 집안배경이 그를 성공에 이르게 한 것과 같다.

그러나 워터게이트 사건으로 닉슨이 미국 대통령 역사상 처음으로 사임을 하게 된 것은 그의 오만에서 비롯되었다. 오만은 특히 무능한 아버지와 야망이 큰 어머니 밑에서 자라고, 재능을 타고난 아이에게서 많이 나타난다. 닉슨의 경우가 그러하다. 이는 정신분석학적으로 보자면 다음과 같이 설명된다.

무능한 남편을 둔 야망에 찬 어머니는 남편에 대한 기대를 접고 아들에게 큰 기대를 하게 된다. 그리고 아들은 가족의 자부심과 자랑거리가 된다. 다시 말해, 아들과 아버지의 위치가 바뀌게 되고 심리적으로 아들이 아버지의 역할을 하게 된다.

이때 재능을 물려받고 잘나가는 아들은 무의식적으로 죄책감을 갖게 되는데, 아들에게 아버지는 첫 번째 만나는 신의 이미지를 갖고 있기 때문이다. 자신이 아버지를 대신한다는 것은 심리학적으로 신이자 아버지(God the Father)를 죽이는 것이다. 잘나가는 아들은 이런 죄책감을 덜고자 무의식적으로 높이높이 상승하면서 무의식적인 실수나 실패를 함으로써 아버지를 심리적으로 죽인 죄책감에서 벗어나고자 한다. 그래서 닉슨은 자신이 파멸할 것을 알면서도 점점 더

문제될 행동을 하고 말았던 것이다.

🎬 콤플렉스가 자신이 아닌 남을 향하면 재앙이 된다

상승에 대한 추락의 예는 그리스 신화에서 이카로스를 드는 경우가 많다. 아카로스의 아버지 다이달로스는 발명가로서 이름을 날렸으며, 그 유명한 크레타섬의 미로를 만든 인물이다. 그것은 미노타우로스라는 반인반수의 괴물을 가두는 장소로 쓰였다. 그런데 크레타의 공주 아리아드네가 미로에서 빠져나오는 방법을 테세우스에게 알려주면서 테세우스는 미노타우로스를 물리치고 무사히 미로를 빠져나올 수 있었다. 아리아드네 공주에게 미로를 탈출할 수 있는 방법을 알려준 이가 미로의 설계자인 다이달로스였다.

사람들은 흔히 지나친 욕심과 욕망으로 나락으로 떨어진 인물을 이카로스에 비유한다. 그런데 이카로스의 욕심과 욕망이 그를 추락의 대명사로 만들었지만, 그 이면에는 숨겨진 사실이 있다. 이카로스의 아버지 다이달로스는 뛰어난 발명을 하고 명석한 두뇌를 가졌지만, 시샘과 질투가 심했다. 그에게는 자신에게 필적할 만한 조카가 있었는데, 그의 이름은 페르딕스였다. 그는 물고기의 뼈를 보고 그것을 본떠서 톱을 발명했고, 정확하게 원을 그리는 컴퍼스를 만들기도 했다. 이에 질투를 느낀 다이달로스는 조카인 페르딕스를 탑에서 밀어서 죽이려고 했다.

이때 떨어지는 페르딕스를 불쌍히 여긴 아테나 여신이 그를 새로 변하게 하여 그의 목숨을 구해주었고, 다이달로스에게는 벌을 내렸다. 그것이 바로 다이달로스의 아들인 이카로스를 죽음으로 내모는 것이었다.

크레타의 왕은 미로에서 테세우스가 빠져나오도록 도움을 준 사람이 다이달로스라는 것을 알고, 그의 부자를 그가 만든 미로에 가둬 버린다. 이때 다이달로스는 새의 깃털을 모아 날개를 만들고, 밀랍을 녹여 그 날개를 어깨에 달아 날 수 있게 되었다. 다이달로스는 아들인 이카로스에게 절대 너무 높이 날아서도 안 되고, 또 너무 낮게 날아 바닷물에 날개가 젖으면 안 된다고 신신당부했다. 다이달로스는 먼저 하늘로 날아올라 미로에서 무사히 빠져나왔다. 그러고는 아들이 미로에서 빠져나오기만 기다리고 있었다.

이카로스가 드디어 하늘로 날아올랐고, 그는 점점 하늘로 올라가는 것이 재밌어 자신감이 생겼다. 그는 더 높은 곳에서 세상을 바라보고 싶었고, 아폴론이 끄는 태양마차까지 가보고 싶었다. 그래서 아버지의 말을 잊고 너무 높이 나는 바람에 어깨에 날개를 붙였던 밀랍이 녹아 날개가 떨어져나가 추락해서 죽었다. 다이달로스는 아들의 시신을 확인하고는 자신이 조카를 죽이려 했던 벌로 아들이 죽었다는 것을 깨닫게 된다. 하지만 때는 이미 늦은 뒤였다.

닉슨은 대통령에 재선되고 나서 자신감이 붙고 성공에 도취하고 만다. 그는 자신이 대단한 성공을 거두었다고 도취되어 현실적인 판단력을 잃고 만다. 마치 이카로스가 땅이라는 현실에서 너무 높이

🏛 이카로스와 다이달로스 🏛
프레더릭 라이튼 ㅣ 1869년 ㅣ 개인소장

날아오른 것과 같다. 그러나 이카로스의 추락은 사실 그의 아버지의 죄에 기인한 것이다. 다른 사람의 재능을 질투하고 시기한 결과다. 마치 닉슨이 하버드 대학을 나오고 좋은 집안 배경을 가진 케네디에 대한 질투와 시기에서 그보다 더 나은 사람이 되고자 하는 욕심과 집착이 그를 파멸하게 한 것처럼 말이다.

더 헌트

편견이라는 주홍글씨

길을 잃은 실수로 아르테미스에게 억울하게 죽은 악타이온

태양의 신 아폴론에게는 쌍둥이 누나가 있었는데 그녀는 달의 신이 자 사냥의 신인 아르테미스다. 그녀는 항상 활과 화살통을 지니고 다녔으며, 그녀 주변에는 수많은 요정과 사냥개가 있었다. 아폴론과 아르테미스의 아버지는 올림포스의 주신인 제우스고, 어머니는 자연의 신 레토다.

아르테미스가 세 살이 되던 해, 어머니인 레토는 딸을 데리고 남편 제우스를 만나러 갔다. 어린 아르테미스는 당돌하게도 제우스에게 자신이 갖고 싶은 것을 이렇게 요구했다. "아버지 제게 가장 좋은 활과 화살을 주시고, 산야를 뛰어다니는 데 불편하지 않은 짧은 겉옷과 제가 같이 지낼 요정들과 사냥개를 주세요. 그리고 저를 영원히 처녀로 살 수 있게 해주세요."

제우스는 사랑스럽고 자기주장이 강한 어린 딸의 소원을 들어주기로 한다. 그래서 그녀는 사냥의 신으로, 평생 처녀로 살 수 있게 된 것이다.

악타이온이란 잘생긴 청년이 있었다. 그는 친구들과 어울려 사냥하는 것을 좋아했다. 어느 날 사냥으로 많은 짐승을 잡은 뒤 사냥을 끝냈다. 그날 사냥을 했던 장소는 '가르가피에'라고 불리는 골짜기였는데 그곳은 사냥의 여신 아르테미스에게 봉헌된 성스러운 장소였다. 이 골짜기에는 사람의 손길이 닿지 않은 동굴이 있었고, 그 안에는 아주 맑은 샘이 하나 있었다. 그 샘은 아르테미스가 사냥을 하다 지치면 요정들과 함께 와서 목욕을 하는 곳이었다.

그날 아르테미스는 그 샘에서 화살통을 물 밖에 놓고 요정들과 목욕을 하면서 쉬고 있었다. 한편 악타이온은 함께 사냥을 왔던 친구들과 헤어진 뒤 그만 길을 잃고 말았다. 그래서 골짜기를 빠져나가려고 이리저리 다니다가 우연히 아르테미스의 동굴로 들어가게 되었는데 그때 아르테미스가 목욕을 하는 장면을 보게 되었다. 갑자기 들어선 침입자에 놀란 요정들은 아르테미스의 벗은 몸을 가리기 위해 아르테미스 주위로 늘어섰지만 요정보다 머리 하나는 큰 아르테미스의 몸을 모두 가릴 수가 없었다. 그녀는 난데없이 나타난 침입자로 인해 화가 머리끝까지 났고, 더욱이 자신의 알몸을 본 것에 이성을 잃고 말았다.

그녀는 "네 이놈 여기가 어디라고 함부로 들어왔느냐. 너는 내 알

🏛 아르테미스와 악타이온 🏛
티치아노 베첼리오 ㅣ 1556년~1559년 ㅣ 국립 스코틀랜드 미술관

몸을 본 이상 여기서 살아서 나갈 수 없을 거다"라고 외치며 샘의 물을 청년의 얼굴에 뿌렸다. 그러자 물방울이 튄 곳에서 악타이온의 몸이 변하기 시작했다. 그의 머리에 사슴의 뿔이 돋기 시작했고, 목이 늘어났으며, 손은 앞발로 변했고, 몸에 털이 나기 시작했다.

악타이온은 너무 놀라 그 동굴에서 달려나왔는데, 자신이 빠른 속도로 달릴 수 있다는 데 놀랐다. 그렇게 정신없이 달려가다 보니 냇가에 도달했고 물에 비친 자신의 모습에 크게 놀랐다. 자신이 뿔 달린 사슴으로 변해 있었기 때문이다. 그는 비명을 질렀지만 목소리는 나오지 않고 사슴의 울부짖음만 메아리쳤다. 그는 어떻게 해야 할지 몰라 당황하고 있었는데, 그가 데리고 온 사냥개들이 사슴 냄새를 맡고 사슴으로 변한 악타이온에게 달려들었다. 사냥개들은 자신의 주인인지도 모른 채 그에게 달려들어 그를 갈기갈기 찢어 죽였다.

악타이온은 길을 잃었을 뿐 아무런 잘못도 없었지만 아르테미스에 의해 비참한 죽음을 맞게 된 것이다.

오해와 편견은 인간을 향한 잔인한 사냥

인간 사회에서 벌어지는 오해와 편견이 개인에게 얼마나 커다란 상처를 줄 수 있는지를 잘 보여주는 영화가 있다. 덴마크 영화 〈더 헌트〉다.

이혼을 하고 고향에 내려온 루카스는 유치원 교사로 일하고 있다.

그러나 소녀가 던진 한 마디 말로 인해 그는 여자아이를 성추행한 성범죄자라는 누명을 쓰게 된다. 그는 근무하던 유치원에서 쫓겨난 것은 물론이고 경찰조사까지 받게 된다. 어린이는 거짓말을 하지 않는다는 말만 믿고 사람들은 그를 파렴치한 성범죄자로 본다.

루카스와 막역하게 지내던 친구들도 그에게 등을 돌리고, 그의 아들인 마쿠스가 동네 슈퍼에 장을 보러갔는데 더 이상 슈퍼에 오지 말라는 말을 듣는다. 심지어 루카스의 애견이 동네 사람들에게 죽음을 당하는 일까지 벌어진다. 그의 말을 믿어주는 사람은 한 명의 친구뿐이다.

그러던 어느 날 루카스가 장을 보러 슈퍼에 가서 고기를 사려는데 정육점 주인이 그에게 물건을 팔지 않겠다고 말한다. 그리고 그를 폭행하고 슈퍼마켓 밖으로 던져버린다. 성추행을 당했다고 하는 소녀의 아버지는 루카스와 절친한 사이였지만, 친구마저도 자신을 믿어주지 않는다. 그는 동네 어디를 가도 손가락질 받는 신세가 된다.

그는 경찰조사를 받고 무죄로 풀려나지만 아무도 그의 무죄를 믿어주지 않는다. 여전히 그는 성추행범인 것이다. 그러던 중 크리스마스이브 예배에 루카스가 나타난다. 마을 사람들은 모두 그를 불편한 눈으로 쳐다보지만 그는 교회의 맨 앞자리에 앉는다. 그러나 그간 쌓였던 억울함이 분노로 폭발하고 아이의 아버지이자 친구인 테오에게 소리를 지르고 때리며 화를 분출한다.

그 사건이 있은 지 1년이 지난 뒤 루카스와 친구들이 모이는 자리가 생긴다. 루카스의 아들인 마쿠스가 성인이 된 기념으로 그에게 사냥할 총을 주는 날이다. 루카스의 친구들은 루카스의 아들이 사냥총을 갖게 된 것을 축하해준다.

그리고 얼마 후 처음으로 총을 갖게 된 마쿠스와 친구들이 사냥을 하러 나갔고 루카스가 따라갔는데, 숲속에서 갑자기 루카스 쪽으로 총탄이 날아온다. 총을 쏜 사람의 실루엣만 보일뿐 그가 누구인지 밝혀지지 않은 채 영화는 끝이 난다.

나치 독일의 선전장관 괴벨스는 다음과 같은 말을 했다. "선동은 문장 한 줄로도 가능하지만 그것을 반박하려면 수십 장의 문서와 증거가 필요하다. 그리고 그것을 반박하려고 할 때면 이미 사람들은 선동 당해 있다."

사람들이 불완전한 사실을 얼마나 맹목적으로 받아들이고, 또 그로 인해 누군가 피해를 입게 된다는 것을 알 수 있는 말이다. 우리는 머릿속에 존재하는 이성을 신봉한다. 이성적인 판단과 이성적인 행동이 우리를 문명인으로 만들게 했다고 생각한다. 그러나 그 이성이란 것은 감정의 시녀일 뿐이라는 사실을 알지 못한다. 이성을 담당하는 것은 두께가 몇 밀리미터에 불과한 뇌의 대뇌피질뿐이고, 우리 뇌의 대부분은 감정에 관여하는 구조로 되어 있기 때문이다. 그래서 우리는 이성적으로 판단한다고 생각하지만, 실제로는 그 이면의 불완전하고 맹목적이고 변덕스런 감정이라는 존재가 조정을 하고 있다는 사실을 잊는 경우가 많다.

우리는 살아가면서 종종 억울한 일을 당한다. 내가 말한 것이 사실임에도 또는 나는 그런 일을 하지 않았음에도 아무리 말해도 남들이 믿어주지 않을 때가 있다. 특히 사람들은 남의 좋은 일보다는 나쁜 일, 스캔들, 추문을 더 확고하게 믿고 싶어 하며 실제로 믿어버린다. 또한 우리가 남들을 억울하게 만들기도 한다. 그러니 우리는 가해자와 피해자 양쪽에 발을 걸치고 사는 셈이다.

〈더 헌트〉의 도입부에는 주인공인 루카스가 사냥을 하는 장면이 나온다. 그는 사슴 한 마리를 사냥하는데, 나중에 그 자신이 억울하게 성추행범으로 몰려 많은 사람에게 사냥당하는 신세로 전락한다. 그가 사냥감이 된 사슴의 신세가 되는 것이다. 그래서 '더 헌트'라는 제목은 중의적 의미를 지닌다. 사냥을 하는 자가 사냥감이 되기도 한다는 말을 감독은 하고 싶었던 것이다.

또한 영화의 대사 중에 이런 말이 있다. 루카스의 아들 마쿠스가 성인이 되어 사냥총을 받는 날이 되어 모두 축하해 주는 자리였다. 이때 루카스의 친구가 "쥐가 인간이 되고, 인간이 쥐가 되는 날"이라고 말한다. 즉 성인이 되는 순간 자신이 사냥하는 자가 되어 남에게 가해자가 될 수도 있지만, 쥐가 되어 이제 본격적으로 피해자로 몰릴 수도 있다는 것을 암시하는 말이기도 하다.

🎬 인간은 이성보다 감정에 의해 움직이는 존재다

그리스 신화 속의 악타이온의 신세가 바로 〈더 헌트〉의 루카스의 신세와 똑같다고 볼 수 있다. 악타이온은 길을 잃고 헤매다 아르테미스의 알몸을 보고 말았다. 그가 의도적으로 본 것도 아니니 그는 아무런 죄가 없다. 그런데 억울하게도 그는 사냥을 나와서 처음에는 사냥감을 뒤쫓다가 자신이 사냥감이 되어 사냥개들에게 공격을 당하는 위치에 선 것이다. 게다가 사슴으로 변해서 말이다.

그런데 아르테미스는 왜 그토록 잔인하게 악타이온을 죽인 것일까? 그녀는 제우스의 약속을 받고 처녀신이 되었다. 그래서 그녀는 자신의 성적인 부분에 대한 노출을 매우 꺼리고 그것이 노출되었을 때 자신의 정체성을 잃는다고 여겨 자신의 목숨처럼 소중히 생각하기 때문이다.

또한 아르테미스는 여신이지만 남성적인 면이 강한 신이다. 그래서 이성과의 만남이 전혀 없었으며, 오로지 사냥과 달의 신으로 추앙받기를 원했다. 그녀는 달이 상징하는 창백함 속에 감추어진 잔인함도 갖고 있다. 그래서 잔인하게 인간을 죽인 전적을 갖고 있다. 니오베라는 여인이 자신의 어머니인 레토를 폄하하는 말을 했고 어머니의 명령으로 니오베의 딸을 전부 차례로 죽였다.

아르테미스의 잔인함은 달의 신과 함께하는 밤의 어두움을 상징한다. 인간 내면에 존재하는 잔인하고 악마적인 생각과 행위들을 말한다. 영화 속의 집단적이고 잔인한 인간의 인간에 대한 편견과 증오는 바로 이러한 어두움이다.

만약 진실이 밝혀지고 어떤 사람의 억울함이 풀렸다고 하자. 그렇다 하더라도 사람들은 여전히 아니 땐 굴뚝에 소문나겠냐는 생각으로 진실을 믿지 않을 때가 더 많다. 그래서 피해자들은 자신의 억울함이 해소되어도 상처는 남게 된다.

〈더 헌트〉에서도 이러한 심리를 발견할 수 있다. 성추행 사건의 오해가 풀린 뒤 루카스의 아들 마쿠스의 성인식날 예전에 막역했던 친구들이 모였다. 하지만 주인공인 루카스의 표정은 밝지 않다. 우정은 그런대로 봉합된 상태지만, 예전에 친구들과 허물없이 지내고 친했던 모습은 그에게서 찾아볼 수 없다.

아들과 함께 사냥을 하러 갔을 때는 루카스 쪽으로 느닷없이 총탄이 날아드는데 나무에 꽂힌다. 이것은 여전히 루카스가 성추행범이라는 사실을 믿고 있는 사람들이 있으며, 그에게 보복을 하기 위한 위협적인 발사였음을 알 수 있다. 또한 루카스는 자신을 빗나간 총탄이 그를 위협했듯이 그의 무죄가 선고되었다고 하지만 여전히 과거의 상처는 남아서 그를 괴롭히고 있다는 상징적인 의미를 담고 있다. 이렇게 사건이 해결되어도 마녀사냥을 당한 이들은 피눈물을 흘리며 평생 그 한을 품고 살아야 함을 알 수 있다.

이 영화는 우리가 가진 일반적인 편견을 보여주면서 또 다른 편견을 보여주고 있다. 어린이들은 거짓말을 하지 않는다는 것이다. 그런데 어린이들도 거짓말을 한다. 그들은 정말 거짓말을 하기도 하지만, 자신의 판타지와 섞어서 말을 만들어 내기도 한다. 영화에서도 아이의 어머니가 자기 딸에게 성추행을 상기시킴으로써 아이가 그 사실을 믿게 되었고, 또한 자기가 한 말을 진실로 여기게 된다.

이 영화에는 수많은 가해자가 등장하지만 그들은 악당이거나 악마가 아니라 우리 주위에서 흔히 볼 수 있는 그리고 우리와 다를 바

없는 평범한 사람들이다. 중심 가해자인 어린아이는 아무 생각 없이 이야기한 것이고, 그 부모는 유치원 원장의 말을 믿고 막역했던 친구를 의심한다. 그리고 동네 사람들과 슈퍼마켓 주인은 어린이를 성추행하는 더러운 남자라고 확신하고 업신여긴다.

그래서 이 영화의 이야기는 우리 주위에서도 종종 일어나는 이야기이기도 하다. 얼마 전까지 친했던 이들이 손바닥 뒤집듯이 돌아서서 자신을 공격하거나 자신의 진실을 믿어주지 않는 일을 겪어본 사람이 많을 것이다. 마치 신화 속의 악타이온이 자신이 정성껏 길렀던 사냥개들에게 갈기갈기 찢겨 죽는 신세처럼 말이다. 자신이 믿었던 주변 사람들의 공격과 불신은 큰 고통이자 깊은 상처가 된다.

살면서 억울한 일을 당하지 않고 살 수 있는 사람은 없다. 내가 하지 않은 말인데 남의 험담을 하고 돌아다닌다는 비난을 받을 수도 있고, 내가 하지 않았는데 심지어 범죄자의 오명을 써야 하는 경우도 있다. 또는 교통사고가 났는데 물증을 확보하지 못해 자신이 피해자임에도 불구하고 가해자로 몰리는 경우도 있다. 또는 자신의 일을 제대로 처리했음에도 불구하고 민원인들의 모함과 투서로 고통을 받는 공무원도 있다.

또는 루카스처럼 성추행이나 성폭행을 하지 않았음에도 누명을 쓰고 억울하게 다른 사람에게 지탄을 받았거나 받고 있는 사람도 있을 것이다. 하지만 영화 속에서 루카스는 주변사람들의 폭력과 폭행, 집단 따돌림, 멸시 등을 모두 버텨냈다. 그도 사람이기에 교회에서 자신을 믿어주지 않았던 친구에게 분노를 폭발하기는 했지만 변명

🏛 악타이온의 죽음 🏛

티치아노 베첼리오 ㅣ 1559년~1575년경 ㅣ 런던 내셔널 갤러리을 늘어놓거나 극단적인 선택을 하거나 하지 않았다. 그는 진실이 밝혀지기까지 그 힘든 시련을 겪어내는 고통을 감내했다. "진리는 언젠가 승리한다"는 말이 있지만, 현실은 꼭 그렇지만은 않다. 진리가 밝혀지지 않는 억울한 경우도 많다. 하지만 루카스처럼 우리도 억울한 일을 당했을 때 밝힐 수 있을 때까지 밝히는 것은 물론이고, 어떻게든 버텨내야 한다.

그리고 우리가 내린 이성적인 판단이 얼마나 잘못된 것일 수 있고, 그것이 감정에 의해 얼마나 쉽게 왜곡될 수 있는지를 알고 항상 되돌아볼 필요가 있다. 나도 사냥꾼의 대열에 끼여 편견과 오만으로 다른 인간을 사냥하지 않기 위해서 말이다.

여고 괴담
억압과 분출의 인과관계

감당하기 힘든 인격의 그림자는 희생양을 원한다

페르소나란 살아가면서 갖게 되는 여러 가지 역할을 말한다.

페르소나가 너무 두텁다 보면, 가면 아래에 있는 진정한 자신의 모습은 억압을 받게 된다. 이 억압된 부분을 정신분석학자 융은 인격의 '그림자(shadow)'라고 했다.

우리는 원만한 사회생활을 위해서는 남들을 배려하고 존중해야 하며, 점잖고 친절하게 행동해야 한다고 배운다. 이것이 사회생활에 필요한 페르소나다.

그런데 우리의 본성은 남들에게 개의치 않고 함부로 행동하고 싶고, 자신이 원하는 대로 행동하고 싶으며, 남들의 작은 실수에도 화를 내고 보복하고 싶은 욕구가 있다.

남의 시선을 많이 의식하고 사회적 체면을 중시하는 페르소나가 강한 사람은 내면에 감추어진 감정이 고개를 들 때마다 그런 감정을 숨기고 싶어 하고, 억압하는 경향이 있다.

남들에게 항상 친절하게 대하고 좋은 사람으로 보여야 한다는 생각에 집착하는 사람일수록 남들이 자신에게 실수를 하거나 잘못했을 때 분노의 감정이 일어나면 그것을 제어하고 통제하려고 한다.

이런 억압이 되풀이되면 '인격의 그림자'는 점점 커지게 되고 오히려 감당할 수 없는 상태에 이르게 된다. 그러면 감당할 수 없는 어둠을 남들에게 투사해버리게 된다. 즉, 부정적인 면을 남에게 뒤집어씌움으로써 자신은 악을 면제받고 싶은 것이다. 이것이 바로 희생양을 만들어내는 이유다.

희생양이란 말은 고대 히브류의 희생양 의식에서 비롯되었다.

원래의 히브류 의식에서는 두 마리의 염소와 두 명의 신이 등장한다. 첫 번째 신은 선한 신인 야훼이며, 두 번째 신은 아자젤이다.

아자젤은 원래 선한 천사였지만 야훼에게 대항한다. 이유는 인간 여성의 관능적인 매력 때문에 지상으로 내려왔기 때문이다. 아자젤은 여성에게는 화장을 가르쳐서 성욕에 눈을 뜨게 하고, 남자에게는 무기 만드는 법을 가르쳐 전쟁을 일으켰다고 한다. 이로 인해 아자젤은 인간과 신에게 적대적인 악마, 사탄의 대명사가 되었다.

히브류의 희생양 의식을 보면, 첫 번째 염소는 야훼에게 바쳤는데, 염소를 죽여 흘린 피는 야훼의 사원을 정화하는 데 사용되었다. 이 피는 분노한 신을 달래고, 이스라엘의 더러운 자손과 그들의 비행과

반역 천사의 추락

대 피터르 브뤼헐 ｜ 1562년 ｜ 브뤼셀 왕립 미술관 모든 죄에 대한 속죄를 위해 바쳤다. 이 염소의 사체는 사원 밖으로 보내져 불에 태워진다.

두 번째 염소는 아자젤에게 바쳤는데, 제사장은 이 염소의 머리에 대고 "이스라엘 자손들의 모든 잘못, 모든 비행과 모든 죄는 이곳에 들어가라"고 외쳤다. 그리고 이 염소는 이스라엘의 모든 잘못을 떠 안은 채 사막으로 돌려보내지는데, 사막을 떠돌다 죽게 된다.

이처럼 희생양은 신의 분노를 가라앉히고 사회를 치유하기 위해 선택된 동물을 의미했다. 여기서 아자젤은 바로 야훼가 건전하고 올바른 신성성을 유지하기 위해 선택된 희생양이라고 볼 수 있다. 악마가 존재하지 않으면 선한 야훼도 존재할 수 없기 때문이다.

자신들이 저지른 악행과 비행, 잘못 등 자신의 그림자를 모두 희생양에 투사하고 염소를 희생하고 사막으로 돌려보냄으로써 이들은 자신의 그림자를 벗어날 수 있게 된 것이다. 이들은 이를 통해 죄책감을 덜 수 있게 되는 것이다. 왜냐하면 자신들의 죄는 죽은 염소와 사막으로 방출한 염소가 모두 걸머지고 떠나버렸기 때문이다.

이런 의식이 없었다면 이들의 죄는 결국 같은 동료인 인간에게 투사되었을 것이고, 결국 어떤 사람들은 희생될 수밖에 없었을 것이다.

그러나 역사를 둘러보면 고대에는 이런 희생양 의식을 통해 내면의 악을 투사할 수 있었지만, 희생양 의식이 사라지면서 희생양은 동물에서 사람으로 대체된다. 어떤 개인이나 또는 소수집단이 나머지 사람들의 죄를 덜어주고, 책임을 벗게 해주고, 죄책감에서 벗어나게 만드는 역할을 담당하게 된다.

가장 대표적인 것이 15세기에 시작되어 16세기~17세기 유럽을 휩쓸었던 마녀사냥이다. 또 역사적으로 마녀사냥은 되풀이되고 있는 것을 볼 수 있는데, 나치의 유대인 학살, 매카시즘 등이다. 또한 현대의 온라인 등에서 벌어지고 있는 집단의 개인을 향한 무차별 인신공격도 마녀사냥이라고 볼 수 있다.

이것은 억압된 감정이 인격의 그림자가 되어 눈덩이처럼 점점 커지면서 파괴적이고 폭력적으로 바뀌는 것이다.

🎬 원한으로 학교를 떠도는 학교귀신 이야기

많은 사람이 공포를 두려워하면서도 공포영화는 즐긴다.

인간은 편안함을 추구하는 욕구가 크기 때문에 불쾌한 감정인 공포를 되도록 피하고 싶어 한다. 하지만 인간은 한편으로 자신이 두려워하는 대상을 정복하고자 하는 욕망을 갖고 있다. 그런 점에서 공포영화는 자신의 밑바닥에 잠재하는 공포와 수동적으로 맞서는 데 적합하다. 따라서 공포영화는 관객이 능동적으로 공포에 접근함으로써 자신이 가진 공포에 대한 두려움을 이겨냈다는 자부심을 가질 수 있게 한다.

물론 이런 공포체험은 극장이라는 한정된 공간에서 어느 부분까지만 체험한다는 제한성이 있다. 고소공포증을 극복하기 위해 높은 곳에서 뛰어내리는 번지점프를 하는 사람이 줄이 자신의 발에 매여 있어 안전하게 공포를 체험하고자 하는 것과 마찬가지 이치다.

또 공포영화를 즐기는 이유 중 하나는 현대사회의 답답함을 벗어나고자 하는 욕구 때문이다. 현대에 이루어진 인간의 업적은 사실 뇌의 좌반구에 의지해 이루어졌다고 볼 수 있다. 좌반구는 과학의 토대가 되는 논리적 사고를 담당하고 있다. 그러나 뇌의 우반구는 비논리적이며, 환상적이고 감정적인 사고를 담당한다.

우리가 좌반구의 기능만을 중요시하게 되면, 일상은 건조하고 기계적으로 흘러가 생활에 활력을 잃을 수 있다. 현대인들이 공포영화를 즐기는 것은 아마도 소외된 우반구의 기능을 만족시키기 위한 배려일 수도 있다. 인간은 항상 이성적인 사고만으로는 살 수 없으며, 일탈되고, 환상적이며, 논리에 맞지 않는 사고나 행동에 빠지고 싶은 우반구의 욕구도 있기 때문이다.

그러나 이런 이유보다도 사람들이 공포영화를 즐기는 가장 큰 이유는 공포영화에 자주 등장하는 인격의 '그림자'에 매혹되기 때문일 것이다. 공포영화에 등장하는 귀신을 통해 사람들은 내면의 억압된 분노와 공격성의 그림자를 해소하는 대리 만족을 느낄 수 있다.

공포영화에 등장하는 이러한 그림자는 '고질라'와 같은 커다란 괴물로 등장하기도 한다. 이것은 현대인들의 억압된 공격성과 세기말적인 시기에 갖는 미래에 대한 두려움이 집단적으로 투사되어 만들어진 것이다. 고질라는 도시를 파괴하며 관객의 공격성을 표출시켜주는 것이다.

또한 공포영화에는 개인적인 원한을 가진 귀신들의 복수극이 펼

처지는데, 사회의 점잖은 시민이라는 페르소나를 가질 필요가 없는 귀신은 초자연적인 힘으로 마음껏 자신의 한풀이를 한다. 잔인한 귀신에 대해 관객들은 도덕적인 판단은 유보하게 된다.

따라서 귀신은 잔인할수록 더욱 관객들을 매혹시키고, 평소 점잖은 척 답답한 생활을 해야 하는 소시민들은 이를 통해 대리만족을 할 수 있는 것이다.

〈여고괴담〉은 청소년들의 집단적인 인격의 그림자가 등장하는 영화다.

9년 전 여고를 졸업한 허은영은 교사가 되어 모교에 부임한다. 어느 날 아침, 학생들의 미움을 받던 3학년 3반 담임선생 '늙은 여우'가 목이 매달린 채 주검으로 발견된다. 고3 때 은영의 담임이기도 했던 늙은 여우는 죽기 직전 은영에게 전화를 걸어 "진주가 계속 학교를 다니고 있어"라는 이상한 말을 남긴다. 진주는 9년 전 담임의 차별과 또래들의 괴롭힘으로 미술실에 갇혀 목숨을 잃은 학생이다.

은영은 친구인 진주를 구해주지 못한 것에 대한 죄책감에 시달리고 있었다. 학교에서는 여선생의 죽음을 비밀에 부치고 '미친개' 선생에게 후임을 맡긴다.

영화에서는 항상 전교 1등을 하지만 미친개 선생에게 성추행을 당하는 소영, 일찍 등교해서 공부만 하는 인간미 없는 정숙, 다른 아이들에게 자신의 감정마저 표현하지 못하는 소심한 재이, 공부보다는 미술에 관심이 많은 지오라는 네 명의 여학생이 중심인물로 등장한다.

지오는 항상 겁이 많고 소극적인 재이의 접근을 받아들이고, 둘은 친한 친구 사이가 된다.

지오는 박 선생이 목매달고 죽은 모습을 그림에 담았다가 미친개 선생에게 심하게 구타를 당하게 된다. 게다가 미술실 출입마저 금지당해 자신이 진정 원하는 그림을 그릴 수 있는 기회마저 박탈당한다.

이 일이 있고 난 뒤 미친개로 불리던 후임 담임마저 참혹한 죽음을 당한다.

은영은 박 선생의 마지막 말을 듣고, 9년 동안 학교에 다니고 있는 진주가 누구인지 살피게 된다. 이때 은영은 과거 자신에게 진주가 선물했던 것과 똑같은 방울을 지오가 갖고 있다는 것을 알게 되고, 진주의 혼령은 바로 지오라고 생각한다.

그러나 의외의 인물이 바로 진주라는 사실을 알게 되고, 마지막 장면에서 혼령이 된 과거의 친구 진주와 대면한다.

진주는 과거 절친한 사이였던 은영마저 죽이려고 한다. 진주가 한을 품은 이유는 과거 늙은 여우에 의해 무당딸이라는 이유로 따돌림을 당하고, 친구인 은영까지 합세했기 때문이다. 더욱이 은영이 자신이 그토록 싫어하는 선생님이 되어 나타난 것이다.

이때 현재에서 가장 친한 친구인 지오가 진주의 앞에 나타나 이제 그만 돌아가라고 그녀를 설득한다. 은영도 자신의 잘못을 진주에게 진심으로 사과한다.

그러자 진주의 혼령은 조용히 학교를 떠난다.

🎬 내면을 억압할수록 본능의 그림자는 커지게 된다

은영이 9년 만에 자신의 모교로 돌아오면서 연쇄살인이 시작된다.

그렇다면 은영은 왜 자신이 학교를 다닐 때 커다란 상처를 받았던 모교에 부임했을까?

이처럼 상처받은 사람이 상처를 받았던 장소나 상황을 피하지 않고 도리어 상처를 주었던 상황이나 사건과 비슷한 장소에서 체험하려는 것을 '반복 강박'이라고 한다.

반복 강박의 목적은 상처를 주었던 상황을 다시 체험함으로써 과거의 상처를 극복해보려는 무의식적인 의도 때문이다.

은영이 모교에 부임한 이유는 바로 지난날 자신이 무기력하게 선생님의 협박에 굴복해서 친구를 따돌려 죽음으로 몰아넣었다는 죄책감을 씻기 위한 무의식에서 비롯된 것이라 볼 수 있다.

그녀는 이제 선생님이라는 역할을 통해 과거 자신의 친구였던 진주처럼 선생님에 의해 학생이 따돌림을 당하는 상황을 막고 싶었는지도 모른다. 그런 과정을 통해 그녀는 진주에게 속죄하고 싶었던 것이다.

그러나 은영이 9년 만에 돌아온 학교는 과거와 달라진 것이 전혀 없다. 자율학습과 성적으로 차별 대우를 받는 학생들, 성적으로 학생을 분류하는 선생님들, 그리고 침묵하는 다수의 학생들의 모습은 예전 그대로다. 선생님의 한마디에 친구가 적으로 바뀌고, 적으로 인식하도록 강요하는 경쟁논리가 지배하는 학교 또한 약육강식의 살벌

한 현장일 뿐이다. 또한 아이들에게 폭언과 구타를 일삼고, 성희롱의 손버릇까지 지닌 선생님도 건재한다.

진주의 귀신은 은영의 파괴적인 '그림자'가 형상화된 것이라는 점을 알 수 있다. 진주의 귀신은 '늙은 여우'라는 박 선생과 '미친개'라는 후임 담임을 참혹하게 죽인다. 진주라는 귀신은 은영의 그동안 감추어져왔던 파괴적이고 보복적인 인격의 억압된 부분을 드러낸 것이다.

진주가 은영에게 감추어진 인격의 그림자라고 볼 수 있는 이유는 페르소나가 두터울수록 그림자는 더욱 깊어지기 때문이다.

《지킬박사와 하이드》를 보면 지킬박사는 낮에는 매우 점잖고 예의 바른 사람이지만, 밤이 되면 정반대의 성격인 하이드가 된다.

은영은 고등학교 시절 나무랄 데 없는 모범생이었으며, 학교에 부임할 때도 때가 묻지 않은 선생님으로 등장한다. 사회에서 인정하는 모범적인 페르소나를 가진 은영의 그림자는 결국 다른 사람들보다 더욱 깊을 수밖에 없는 것이다.

은영은 다시 학교에 돌아와서 자신의 포부를 펼치려고 했지만, 부조리한 선생님들이 건재하는 바람에 상처가 치유되기는커녕 더욱 깊어지게 된다.

그녀는 과거 학창시절 얌전히 공부에 매진하고 선생님에게 무조건 순종해야 한다는 모범생 페르소나를 갖고 있었다.

여고괴담의 교실 벽에는 상징적으로 신사임당의 초상화가 걸려 있다. 사회가 요구하는 여학생에 대한 페르소나는 바로 신사임당처

림 현모양처의 모습이다. 항상 윗사람 말에 순응하고, 얌전히 공부만 하라는 묵시적인 강요가 바로 신사임당의 초상화를 통해 학생들을 억압해왔던 것이다. 그래서 이 초상화가 갖는 의미대로 은영은 선생님의 불의를 보고도 불쑥불쑥 생기는 분노감을 억압하면서 살아왔다.

이렇게 그녀의 분노감은 억압된 채 기억의 저편에 놓여 있었다. 그런데 다시 선생님이 되면서 그동안 억압되었던 분노는 점점 커져 드디어 진주라는 귀신의 파괴적이고 잔인한 모습으로 드러나게 된다. 그래서 진주라는 귀신은 은영이 부임하고 나서부터 잔인해졌다고 볼 수 있다. 사실 진주의 혼령은 은영이 학교에 들어오기 전까지는 얌전히 학교만 다니고 있었다.

파괴적인 그림자의 첫 번째 대상은 자신에게 죄책감을 안겨주고, 친한 친구를 죽음으로 몰아넣었던 고3 때의 담임이었던 '늙은 여우' 박선생이 된다.

은영은 과거 아무런 잘못도 없는 진주를 따돌리는 박선생이 너무나 미워 죽이고 싶었는지도 모른다. 그래서 그녀의 억압된 분노는 다시 학교에 부임하면서 터져나와 진주라는 귀신을 통해 잔인한 복수를 시작했을 것이다.

다음 대상은 자신이 지켜보는 앞에서도 여학생의 귓불을 만지며 추근대고, 잔인하게 여학생을 구타하는 '미친개'다.

그녀는 학교에 들어와 자신의 상처를 치유하고 싶었지만, 다른 선생님의 불의를 묵인해야 하는 과거의 상황과 다시 맞닥뜨리게 된다.

그래서 그녀의 분노한 그림자인 진주는 '미친개'를 참혹하게 죽인 것이다.

진주의 혼령이 은영의 그림자라면, 영화의 마지막 장면에서 진주가 은영을 죽이려고 하는 것은 어떻게 설명할 수 있을까?

이유는 자신의 마음속에 존재하는 그림자의 힘이 너무 커지게 되면, 자기 자신을 파괴할 수 있기 때문이다.

중세의 마녀사냥을 보면 처음에는 몇 명의 이교도를 죽이는 것으로 시작되었지만, 결국 집단적인 그림자는 점점 커져서 마침내 동료들과 자신들도 희생하고 만다. 그림자의 힘이 점점 커지면 집단적인 광기를 띠게 되고, 남과 자신을 구분하지 않고 잔혹한 파괴성을 드러낸다.

또한 은영은 과거 비겁하게 진주의 죽음에 참여했던 자기 자신에 대한 분노감도 있었을 것이다. 그런 자신에 대한 처벌 없이 죄책감은 없어지지 않을지도 모른다. 그런 처벌이 바로 자신의 그림자를 통해 이루어진다.

그러나 그녀의 그림자는 너무나 파괴적이고 폭력적으로 바뀌어 있었다. 지나치게 커져버린 그림자와 대면한 은영은 자신을 위협하는 그림자를 겁을 수밖에 없었다. 은영은 할 수 없이 자신의 잘못을 참회하며 자신의 그림자와 타협하게 된다. 그러나 섣부른 타협이 그녀의 그림자를 완전히 잠재울 수는 없다.

그래서 영화의 마지막에 목매달아 죽은 만년 2등 정숙의 귀신이 여운을 남기며 등장하고 영화는 끝을 맺는다.

은영의 그림자는 자기 자신을 파괴하는 것은 멈추었을지 모르지만, 섣부른 타협만으로는 잠재울 수 없다는 것을 보여주는 상징적인 장면으로 볼 수 있다.

📽 억압받는 사람들의 한을 투사한 귀신이라는 존재

9년 동안 묵묵히 학교를 다닌 진주의 혼령은 은영의 그림자일 뿐 아니라 반항적인 지오의 그림자일 수도 있다. 또한 지금 치열한 경쟁과 억압 속에서 학교를 다니고 있는 모든 청소년의 그림자라고 볼 수 있다.

여전히 많은 학생이 학교에서 치열한 경쟁을 견뎌야 하고, 성적으로 차별받으며 살아가고 있다. 또한 학교는 항상 학생들을 통제하고 훈육하며, 이데올로기를 강요하는 장소이기도 하다. 따라서 청소년들이 가진 창의성과 개성은 통제되고 평준화된다.

이러한 이들의 억압된 분노는 집단적인 그림자가 되어 여학교에 떠돌고 있는 귀신이야기로 만들어졌다.

귀신의 존재는 청소년들에게 매우 매력적일 수밖에 없다. 귀신 앞에서는 어떤 사람도 놀라고 겁먹지 않을 수 없다. 따라서 청소년들은 자신의 분신인 귀신을 통해 자신의 억울함을 호소하고, 권위 있는 자들에게 복수를 가할 수 있다.

이 영화에서 청소년의 집단적인 그림자는 복수의 칼날을 선생님에게로만 향하고 있다. 선생님은 청소년들이 가장 가까이에서 접하게 되는 제도교육의 얼굴이기 때문이다.

그러나 선생님들도 제도교육의 피해자일 수밖에 없다. 선생님 개인의 힘으로는 바꿀 수 없는 입시제도와 선생님의 권위를 인정하지 않고 지나치게 간섭적인 우리사회의 학부모들로 인해 그들은 사실 의욕을 잃고 따라갈 수밖에 없는 처지이기 때문이다. 따라서 영화 속의 귀신은 선생님을 향해 복수를 하고 있지만, 그 이면에는 지나친 경쟁을 부추기는 입시제도와 자기 자식만이 최고라고 여기는 학부모의 지나친 이기주의에 대한 보복도 깔려 있다.

귀신은 항상 억압받는 계층에서 만들어진다. 우리는 귀신이라고 하면 보통 입가에 피를 흘리고 소복을 입은 여인의 모습을 떠올린다. 가부장제하에서 희생된 많은 여성의 한이 결국 귀신의 모습으로 나타나 복수를 하기 때문이다. 우리나라 최초의 공포영화는 1924년에 만들어진 〈장화홍련전〉이었다. 그리고 뒤를 이어 만들어진 대부분의 공포영화들도 시어머니나 남편의 학대로 숨진 여인들이 한을 품고 귀신으로 등장해 복수를 한다는 내용들이다.

결국 교실에서 떠도는 '여학생 귀신'은 현재 우리사회의 억압받는 계층인 청소년층이라고 할 수 있다.

영화 속의 진주는 9년 동안 얌전하게 교실을 떠돌 수 있었지만, 실제로 많은 청소년이 정처 없이 거리를 떠돌고 있다. 그나마 귀신이야기는 청소년들의 집단적인 분노와 한을 귀신에 투사하고 있어 어떤 면에서는 정신건강상 도움이 될 수도 있다. 그러나 제도적인 문제를 자신의 탓으로 생각하는 많은 청소년이 학교와 집에서 쫓겨나와 폭주족으로, 약물중독으로, 또는 청소년 매춘으로 자신의 무능함을 잊고 싶어 하는지도 모른다.

스피어
건강한 마음을 위한 무의식의 역할

🎬 꿈을 현실로 이루어주는 꿈같은 존재

〈스피어〉 영화의 첫 장면은 거대한 바다 괴물이 배를 공격하고, 사람을 잡아먹는 삽화를 조금씩 보여주면서 시작된다. 어디서 많이 본 듯한 이 삽화는 프랑스 소설가 쥘 베른의《해저 2만 리》라는 소설에 등장했던 것이다.

정지된 그림을 보여주던 영화의 도입부를 지나면, 태평양을 가로지르는 한 대의 헬리콥터가 등장한다.

이 헬기 안에는 심리학자이며 비행기 사고 생존자들의 충격과 스트레스를 치료하는 전문가인 노먼 굿맨이 타고 있다. 노먼은 바다에서 비행기 사고가 나서 자신이 생존자들을 돕기 위해 가는 것이라고 생각하고 있었다.

이윽고 대양에 떠 있는 커다란 배에 도착한 노먼은 자신의 예상을 벗어나는 말을 듣는다. 이번 임무의 정부 책임자인 반즈에게서 수심 300미터 아래 거대한 우주선이 발견되었으며, 혹시 생존해 있을지도 모르는 외계인과 만날 것을 대비해 소집되었다는 것이다.

노먼은 이 말을 듣고 매우 당혹스러워한다. 그는 10년 전 경제적으로 어려워 정부의 지원금을 받아 엉터리로 〈외계인과 접촉시의 수칙〉이라는 보고서를 써 낸 적이 있다. 그는 이 보고서를 아무도 읽지 않을 것으로 생각했지만, 정부측에서는 이 보고서를 굉장히 중요한 자료라고 생각하고 있었으며, 이번 우주선의 발견으로 그 보고서에 적혀 있던 인물들을 소환한 것이다. 그러나 이 보고서에 적혀 있던 '외계인 접촉팀'의 인원도 노먼이 아무나 적어놓았던 것이다.

그래서 심리학자인 노먼, 과거 노먼의 제자이며 환자였던 생화학자 베스, 18세에 박사학위를 받은 천재 수학자 해리, 천체 물리학자 테드가 소집되었다.

외계인 접촉팀 네 명은 황급히 잠수하는 법을 배운 뒤 정부측 팀장인 반즈와 함께 두려움과 호기심을 안은 채 수심 300미터 아래에 있는 우주선에 접근한다.

바닷속에 가라앉은 우주선은 이미 300년 전에 추락했기 때문에 생존자가 없을 것으로 추측했지만, 외계인 접촉팀은 우주선 안으로 들어가게 된다.

그러나 이들은 뜻밖의 사실을 발견하는데, 이 우주선은 외계에서 온 것이 아니라 미국의 우주선이었던 것이다. 이들은 비행기록 장치를 통해 우주선이 2043년 '미지의 시공간'으로 표현된 블랙홀로 빨려 들어가 1700년대의 과거에 추락했다는 사실을 알게 된다.

이런 사실보다도 더욱 이들의 호기심을 불러일으킨 것은 우주선 안에 거대한 구체(스피어, sphere)가 존재한다는 사실이다. 이 구체는 완벽한 구형에 어떤 입구도 없으며 모든 물체를 반사했지만 사람만은 반사하지 않는 특징을 갖고 있었다.

외계인 접촉팀은 이 구체의 용도가 매우 궁금했지만, 모두 두려움 때문에 안으로 들어가려 하지 않았다. 그러나 수학자인 해리가 다른 사람들 모르게 들어갔다 나온다.

그 후로 탐사팀에 이상한 일들이 일어나기 시작한다.

공교롭게도 그때 수면 위에는 거대한 폭풍우가 불어닥쳐 모선은 탐사팀을 두고 철수하고, 해저 속의 탐사팀은 5일 동안 고립된다.

불길한 사건은 해저팀의 한 대원이 이름을 알 수 없는 해파리떼의 습격으로 사망하게 되면서 시작된다. 심리학자인 노먼은 해파리떼로 인해 죽은 대원의 부검을 지켜보며 어린 시절 자신이 아버지의 말을 듣지 않고 바다로 뛰어들었다가 해파리떼의 공격으로 혼이 났던 기억을 떠올린다.

대원의 죽음으로 불안함을 느낀 정부측 탐사대장 반즈는 생화학자인 베스의 경력을 문제 삼는다. 베스는 과거 노먼에게 정신과 치료를 받았던 경력이 있으므로 고립된 탐사팀의 안전에 문제를 일으키는 것은 아닌지 노먼에게 따진다. 노먼은 베스가 자살 시도를 했었지만 심각한 정도는 아니었다고 감싼다.

구체에 들어갔다 나온 뒤 계속 깊은 잠을 자던 해리가 깨어나고, 그는 오랜만에 식사를 한다. 그런데 갑자기 오징어가 들어 있던 음식을 먹고 공황상태와 같은 공포감을 드러낸다. 그는 오징어를 싫어했던 것이다.

마침내 이들은 불길한 사건들의 원인을 알게 된다. 잠수정 모니터에 알 수 없는 암호들이 나타났는데, 암호를 해독하자 외계인이 잠수정에 있는 탐사팀에게 보내는 메시지였다. 메시지의 내용은 모든 대원을 다 죽이겠다는 것이었다. 이런 경고가 현실화된 것은 수십 미터 크기의 오징어 모양의 괴물이 잠수정을 공격하면서부터였다. 이 공격으로 인해 해저기지가 파괴되고 테드가 화재로 인해 사망한다. 또한 탐사 대장 반즈마저 문에 끼어 죽음을 맞는다.

이제 남은 대원은 노먼, 베스, 해리 세 명뿐이다.

구체에 들어갔다 나온 해리는 이런 혼란의 와중에도 깊은 잠을 자고 일어나 책만 읽을 뿐이다. 그는 《해저 2만 리》를 읽고 있었으며, 이상하게도 그의 방은 이 책으로 가득 차 있었고, 모든 책이 87쪽 이후에는 백지상태였다.

노먼과 베스는 드디어 이 혼란과 공포의 원인을 알게 된다. 그것은 바로 구체 때문이었다.

구체에 들어갔다 나오면 자신이 생각하는 모든 것이 현실로 이루어지는 능력을 갖게 된다. 그래서 해리가 어린 시절 읽었던 《해저 2만 리》에 나왔던 거대한 오징어에 대한 공포감이 거대한 괴물로 나타나 잠수정을 공격했던 것이다.

또한 구체에 들어가지 않았다고 생각했던 노먼과 베스도 실은 구체에 들어갔다 나왔다는 사실이 밝혀진다. 노먼의 어린 시절 해파리에 대한 공포감이 실제로 해파리가 나타나게 하여 다른 대원을 죽였던 것이다. 또 베스는 자신의 정신과 병력을 들먹였던 반즈에 대한 복수심이 현실이 되어 반즈를 죽음으로 몰고 갔던 것이다. 그리고 모든 대원이 죽을 것이라는 해리의 생각과 테드에 대한 지나친 경쟁심이 현실로 이루어져 테드를 죽이고 다른 대원을 죽음의 위기로 몰고 갔던 것이다.

결국 해저기지가 폭파되기 직전 생존자들은 심해를 간신히 탈출해 수면에 떠오른다. 이들은 해저에서 일어난 일들을 말해야 하는 입장에 놓이지만, 고민에 빠진다. 생각만 하면 무엇이든 이루어지게 하는 구체가 있다는 사실을 알려야 할지 말아야 할지 고심한다.

만약 이 구체를 잘 사용하게 되면 인류는 모든 꿈을 현실로 이루는 능력을 갖게 된다. 그러나 이들은 자신들이 생각했던 꿈들은 남들을 이기는 것이나 타인을 죽음으로 이끄는 나쁜 내용들뿐이었다는 것을 알고 있다. 그래서 잘못 사용하면 인류를 파멸로 이끌 수도 있다는 점을 잘 알고 있다.

노먼, 베스, 해리는 구체에 대한 사실을 잊기로 결정한다. 마법의 공을 기억의 저편으로 밀어넣기 위해 이들은 손을 맞잡고 스피어에 대한 사실을 망각하기로 한다. 그러자 스피어는 바닷속에서 하늘 저편으로 날아가 버리고, 다시 눈을 떴을 때 이들은 자신들이 왜 손을 잡고 있는지 모르게 된다.

🎬 신화 속 저승 여행 이야기는 무의식 세계의 탐험을 상징

〈스피어〉의 무대는 깊은 바닷속이다. 바다는 심리적으로 여러 가지 상징을 가지고 있는데, 모든 가능성을 포함하는 생명의 원천이며, 모든 생물의 탄생이 이루어졌던 장소라는 의미에서 어머니를 나타내기도 한다. 〈스피어〉에서 바다는 인간의 무의식을 상징한다. 바다는 무의식처럼 깊이를 가늠할 수 없고, 심연에 무엇이 존재하는지 알기 어렵기 때문이다.

영화에서 네 명의 탐사팀이 해저로 내려간 것은 자신의 무의식과 마주치게 되는 것을 상징한다.

그리스 신화에서 하데스가 다스리는 지하세계, 저승은 인간의 무의식 세계를 상징한다. 지하세계에 도달하기 위해서는 하강해야 하듯이 우리의 무의식을 알기 위해서는 의식의 밑으로 내려가야 한다. 또한 지하세계는 빛이 들지 않는 어둠의 세계다. 그 안에는 무엇이 들어 있는지 알 수가 없다. 의식의 세계는 빛이 지배하는 지상의 세계처럼 우리가 의식하고, 느끼고, 냄새 맡고, 감촉을 느끼는 현실의 세계다. 하지만 무의식은 어둠의 세계로 우리가 볼 수 없으며, 만질 수도 없고, 어떤 생각이 도사리고 있는지 알 수가 없다.

신화 속에는 저승에 내려가거나, 저승을 다녀온 이야기가 많이 등장한다. 이것은 인간의 마음속에 깊이 자리 잡은 무의식 세계에 대한 탐구를 상징적으로 나타낸 것이라고 볼 수 있다.

신화에서 저승을 다녀온 예는 오디세우스가 저승에서 테이레시아스를 만나는 이야기를 들 수 있다.

파리스가 헬레네를 납치하면서 시작된 트로이 전쟁은 그리스의 영웅인 오디세우스가 고안한 트로이의 목마로 인해 그리스군의 승리로 끝나게 된다. 그러나 이때부터 오디세우스의 험난한 모험이 시작된다. 오디세우스는 고향으로 돌아가는 배에 오르지만, 외눈박이 거인 키클롭스를 만나는 등 온갖 모험을 겪게 된다.

오디세우스는 어느 섬에서 마녀 키르케를 만나게 되는데, 처음 그녀는 오디세우스를 마법에 걸려다 실패하고 도리어 오디세우스에게 잡혀 목숨을 구걸하게 되고, 나중에는 오디세우스를 사랑하게 된다.

오디세우스는 키르케와 1년간 꿈같은 나날을 보내게 되지만, 사랑하는 아내 페넬로페를 만나기 위해 다시 귀향길에 오른다. 이때 오디세우스는 앞으로 또 어떤 시련이 닥칠지 키르케에게 묻는다. 키르케는 저승으로 가서 유명한 점쟁이 테이레시아스에게 물어보면 미래를 알려줄 것이라고 말한다.

오디세우스는 키르케 덕분에 저승세계의 입구를 쉽게 찾아 내려가서 테이레시아스를 만난다. 그는 고향에 다시 돌아갈 수 있을지, 부모와 아내를 다시 만날 수 있을지 묻는다. 테이레시아스는 오디세우스에게 수많은 시련이 아직도 남아 있으며, 어떻게 그 시련을 이겨낼 수 있을지 알려준다.

저승을 다녀온 이야기는 우리나라의 전설에도 있는데, 바리공주 이야기를 들 수 있다.

바리공주는 위로 언니가 여섯이 있었고 일곱째로 태어났다. 아들

🏛 희생 제물을 올리는 오디세우스에게 나타난 테이레시아스 🏛
요한 하인리히 퓌슬리 ㅣ 1780년~1785년 ㅣ 알베르티나 미술관

을 바랐던 왕은 화가 나서 바리공주를 내다 버리라고 명하고, 그녀는 노부부에 의해 길러지게 된다.

성장한 바리공주는 어느 날 왕과 왕비가 병들어 있는 꿈을 꾸고 궁궐로 들어간다. 바리공주는 부모를 구할 약초를 구하기 위해 저승으로 가는 험난한 모험의 길에 들어서고, 저승에서 무상신선(無上神仙)을 만나 여러 해 동안 매일 물을 긷고 불을 지피고 나무를 해오는 등의 궂은일을 하며 그를 섬긴다.

결국 그녀는 무상신선과 결혼해 일곱 아들을 낳고, 무상신선에게 부모를 구할 약을 간청한다. 이때 무상신선은 공주에게 그녀가 매일 길어 온 물과 잘라 온 장작들이 살과 뼈를 소생시키는 약이라고 말해준다. 그녀는 부모가 죽는 꿈을 꾸고 무상신선과 일곱 아들과 함께 궁궐로 돌아온다. 그녀는 가져온 약으로 왕과 왕비를 되살린다.

그러나 신화 속의 저승여행이 항상 성공한 것만은 아니다.

그리스의 영웅 테세우스가 어느 날 친구인 라피타이족의 왕 페이리토스를 찾아간다.

그때 마침 페이리토스의 결혼식 연회가 시작되고 있었고, 그날 밤 성대한 잔치가 벌어졌다. 그런데 사람의 머리와 말의 몸을 가진 켄타우로스족이 술에 취해 신부를 괴롭히는 것에 더해 납치까지 하려고 한다. 신부의 비명소리를 듣고 테세우스와 페이리토스는 달려갔고, 켄타우로스족과 싸움을 벌여 이들을 물리쳤다. 그러나 싸움 중에 신부가 죽고 만다.

슬픔에 젖은 페이리토스는 재혼을 결심하는데, 자신의 아내가 인간이기 때문에 결국 남들이 넘보게 되었다고 생각한다. 페이리토스는 아무도 범접할 수 없는 대상인 지하세계의 신 하데스의 아내 페르세포네와 결혼하겠다고 나섰다.

테세우스와 페이리토스는 함께 지하세계로 내려간다. 이들은 마침내 페르세포네와 하데스의 침실까지 침입한다. 하데스는 인기척에 놀라 자신의 침실을 들어선 두 명의 인간을 발견하고 대노하여 죽음으로 무례함을 다스리려고 했다. 그러나 간청하는 페르세포네의 중재로 중벌을 내리는 대신 테세우스와 페이리토스를 '망각의 의자'에 앉게 했다. 거기에 앉으면 누구나 완전한 기억 상실에 빠지게 된다. 그래서 둘은 망각의 의자에 앉아 모든 기억을 잃게 된다.

🎬 건강한 마음을 위한 잠재된 무의식의 역할

〈스피어〉의 네 명의 탐사팀은 깊은 바닷속에서 우주선에 있던 구체에 들어갔다 나온 뒤부터 자신이 생각하는 대로 이루는 신비한 능력을 갖게 된다.

그런데 이들이 생각했던 것은 탐욕, 이기심, 공격성, 분노감 등이었다. 또한 어린 시절에 겪었던 공포의 대상물이 실제로 나타나는 경험을 하게 된다.

여기서 구체는 인간의 무의식과 접하는 도구라 할 수 있다. 그래서 이들은 구체를 통해 의식하지 못하고 있던 무의식의 파괴적이고 무서운 측면들을 보게 된다. 탐사팀은 해결되지 못하고 의식의 저편으로 밀려나 존재하고 있던 무의식의 내용들이 현실로 나타나는 혼란에 빠진다.

특히 탐사팀의 무의식의 내용들은 우리가 흔히 억누르고 있는 기억, 사고, 느낌 등 우리가 받아들이기에 너무 고통스럽고 남들에게 보이기 두려운 부분들이다.

심리학자인 노먼의 경우, 어린 시절 해파리 때문에 고통을 받았던 아픈 기억과 뱀에 대한 공포가 현실로 나타난다. 해파리는 다른 동료를 죽이고, 뱀은 자신을 쫓아다니며 계속해서 괴롭힌다.

여기서 뱀은 여러 가지 의미로 해석될 수 있는데, 뱀은 여러 번 허물을 벗는 성질 때문에 재생, 영적인 변환을 의미한다. 따라서 노먼이 뱀에게 시달리는 것은 노먼의 무의식에서는 의식의 변환과 새로운 의식의 자각을 요구하고 있다는 것을 알 수 있다. 하지만 노먼의 의식은 이런 변화를 바라지 않기 때문에 뱀에게 쫓기기만 한다.

해리는 자신이 똑똑하다는 오만함과 다른 사람에게 지기 싫어하는 성격을 가지고 있다. 그는 아마도 타인과의 관계를 고려하고 자신의 사회적인 위치 때문에 이런 부분을 남들에게 노출하지 않았을 것이다. 남들에게 거만하다는 이야기를 들을 수도 있고, 따돌림을 당할 수도 있기 때문이다. 하지만 그는 구체라는 마법의 힘을 가진 물체에 다녀오고 난 뒤 자신이 그동안 숨겨왔던 무의식의 내용이 그대로 노출되고 만다. 자신과 경쟁관계에 있던 동료에 대한 살의가 현실화되면서 동료를 죽음으로 몰고 갔으며, 그동안 숨겨왔던 타인에 대한 파괴의 욕구가 의식의 통제를 벗어나면서 탐사팀 전체를 위험에 빠뜨린다.

여기서 이들이 무의식에 완전히 지배당하고, 억압했던 무의식의 내용이 아무런 여과 없이 나올 수 있었던 이유는 의식과 무의식이 완전히 단절되었기 때문이다. 이를 상징적으로 보여주는 것이 폭풍으로 인해 모선이 철수하고 5일간 깊은 바닷속에 잠수정이 고립되는 것이다. 수면 위의 의식세계를 연결해주었던 모선과 깊은 심연 속의 잠수정을 연결해주었던 케이블은 의식과 무의식을 이어주는 끈이다. 하지만 이것이 끊어지면서 무의식과 의식은 단절된 것이다.

특히 심리적으로 의식이 너무 외적인 세계와의 관계에 일방적으로 집착할 때 무의식과의 단절이 일어나게 된다.

사실 무의식은 위험하고 부정적인 속성만 가지고 있는 것은 아니다. 만약 자신의 무의식에 있는 두려움과 공포를 조금씩 분화시키고 동화한다면, 의식은 더욱 성장하고 성숙해질 수 있다는 긍정적인 측면도 있다.

무의식을 의식에 동화하고, 무의식으로부터 의식이 도움을 받는 예는 신화에서도 찾아볼 수 있다.

무의식에는 자신이 거부하고, 부정하고 싶은 의식의 그림자만 존재하는 것은 아니다. 무의식은 의식의 부족한 부분을 채워주고 싶어 하며, 이런 보상작용을 통해 인간의 마음은 항상 균형을 이루게 된다.

이런 무의식의 기능을 볼 수 있는 것이 그리스 신화 속의 오디세우스 이야기다. 저승으로 내려간 오디세우스가 만난 것은 테이레시아스라는 점쟁이다. 오디세우스가 저승으로 내려갈 당시 그는 오랫동안의 전투로 지쳐 있었으며, 금방 고향으로 돌아갈 수 있으리라 생각했으나 계속되는 불운으로 인해 괴물, 마녀 등과 마주치던 때였다. 그래서 오디세우스는 매우 지치고 삶에 대해 염증을 느끼고 있었을 것이다. 이때 오디세우스가 내려간 저승은 실제로는 그의 무의식의 세계라고 볼 수 있다. 현실생활에서 치열하게 괴물을 무찌르고 영웅적인 행동을 하고 있는 오디세우스에게 필요한 것은 그런 행위를 통해 얻는 명성이 아니라, 잠시 자신의 무의식을 돌아보는 시간이었다. 키르케는 그런 점에서 오디세우스에게 테이레시아스를 만나보라고 권유했던 것이다.

그리고 그는 자신의 무의식을 통해 해답을 구했던 것이다. 그는 자신의 무의식에 존재하는 테이레시아스라는 점쟁이를 통해 인생의 진리를 발견하게 된다. 사실 테이레시아스는 구체적인 방법을 오디세우스에게 제시하지는 못한다. 그러나 인생은 자신이 하고 싶은 대로 되지도 않으며, 그렇다고 되지 않는 것도 없다는 의미의 이야기를 해준다. 그동안 자신이 마음먹은 대로 무엇이든 할 수 있었던 오디세우스가 모험을 통해 느꼈던 절망감과 조급함에서 벗어나도록 그의 무의식은 조언을 해준 것이다.

바리공주의 이야기에서는 바리공주의 아버지가 병이 들어 저승으로 약을 구하러 떠나는 내용에서 의식과 무의식의 관계를 찾을 수 있다. 여기서 왕이 병이 들었다는 사실은 의식이 너무 편향되어 있다는 것을 의미한다. 왕이 여러 명의 공주를 두고도 남자 아이를 선호했다는 것은 의식이 지나치게 편향되어 있음을 상징한다.

이때 왕이 필요없다고 생각하며 버린 부분(바리 공주)이 도리어 의식의 편향성을 조정해 준다는 의미를 담고 있다. 물론 왕이 병을 고치는 데 도움을 주었던 것은 무의식을 통해 얻게 된 약초를 통해서다. 의식이 지나치게 편향되면 의식은 빈사상태에 빠지게 된다. 이때 무의식에 잠재되어 있는 창의력이나 열정을 끌어내어 의식을 다시 회생시킨다는 것을 바리공주는 보여주고 있다.

🎬 안 좋은 기억과 부정적인 생각을 묻어버릴 수 있는 무의식 세계의 망각의 공간

위의 예는 무의식이 의식을 동화함으로써 의식이 도움을 받는 경우다. 하지만 무의식에 접근할 때 아무런 준비가 없거나, 또는 의식과 완전히 단절된 상태에서 무의식에 몰입하면 의식은 무의식에 사로잡히고 만다. 이런 상태를 심리적으로 '정신병적인 상태'라고 한다.

정신병적인 상태란 의식의 기능이 약해지면서 의식에 의해 억압되었던 무의식의 파괴적이고 위협적인 측면이 인간의 정신을 지배하는 것을 말한다. 그래서 정신병적인 상태에서는 환자가 가지고 있던 타인에 대한 두려움, 공포 등의 무의식적인 내용이 튀어나오기 때문에 환자는 누군가 자신을 쫓아온다든지, 또는 누군가 자신을 괴롭힌다고 생각하는 피해망상 등이 나타나는 것이다.

또한 의식의 기능이 약화된 상태에서는 무의식의 원초적인 내용들이 그대로 드러나고, 이것이 현실인지 비현실인지 분간할 능력을 잃게 된다. 그래서 환자들은 누가 봐도 잘못된 믿음을 가지고 있다고 생각할 수 있는 피해망상을 엄연한 현실이며 진실이라고 믿게 된다.

〈스피어〉의 탐사팀이 거쳐간 구체는 바로 무의식으로 들어가는 통로를 열어주었지만, 의식과 단절된 상태로 무의식과 접했기 때문에 도저히 통제할 수 없는 상태에 빠졌으며 공포스럽고 위험한 무의식의 내용에 고통을 받게 된 것이다.

탐사팀이 이처럼 자신의 무의식에 무방비 상태로 완전히 노출되었다는 점은 이들이 무의식을 접할 수 있는 준비가 되어 있지 않았기 때문이다.

탐사팀은 사실 노먼의 엉터리 보고서 때문에 소집되었다. 이들은 영문도 모른 채 불려왔으며, 깊은 바닷속을 유영할 수 있는 잠수기술도 갖추고 있지 않았다. 이들은 타의에 의해 무의식에 접촉하게 되었으며, 바다라는 무의식을 탐사할 수 있는 기본적인 훈련도 되지 않았음을 의미한다.

그러나 무의식에 접근할 때는 준비과정이 필요하다. 무의식의 세계로 들어가는 무당의 신내림에서도 마찬가지다.

무당이 될 사람이 신내림을 받을 때는 갑작스럽게 받는 것이 아니라 일정 기간 준비과정을 거쳐야 한다. 신내림을 받는 사람이 자신 안에 존재하는 장군이나 동자승, 처녀 보살 등의 무의식적인 원형을 받아들일 준비를 갖추기 위해서다. 이런 준비 없이 신내림을 받게 되면, 자신에게 씐 신(神), 즉 무의식에 지배를 받고 혼란 상태에 빠질 수 있다. 준비가 된 상태에서 신(무의식적인 직관능력)을 받게 되면, 의식이 무의식에게 휘둘리지 않고 적절하게 직관능력을 이용해서 다른 사람의 과거를 읽을 수 있는 능력을 활용할 수 있게 되며, 현실 검증력도 잃지 않게 된다.

한때 텔레비전에서 방영되었던 귀신체험은 자신 안에 존재하고 있던 열등한 콤플렉스가 의식이 준비되지 않은 상태에서 갑자기 튀어나온 경우라고 설명할 수 있다. 특히 귀신체험자의 공통점은 현실적으로 경제적인 어려움이나 집안의 우환으로 인해 의식이 매우 약화되어 있는 상태에서 분화되지 않은 무의식이 귀신의 형상으로 나온 것을 목격했다고 볼 수 있다. 하지만 이런 열등한 콤플렉스를 조절할 수 없을 정도로 자아가 약해져 있기 때문에 매우 당황하고 계속적으로 귀신으로부터 괴롭힘을 당했다고 볼 수 있다. 의식이 약해지면 무의식을 지배할 능력이 없기 때문이다.

이런 예는 임상에서도 간혹 나타나는 경우가 있다.

한 여성이 상담을 하러 왔다. 그녀는 매우 연약하고 순종적인 타입이었는데 악몽에 시달리게 되었다. 꿈은 대개 인간의 무의식을 보여주는데, 그녀는 다른 사람을 죽이거나 괴롭히는 내용의 꿈을 반복해서 꾼다고 했다. 이 여성의 경우 자신 안에 이런 끔찍한 생각이 있다는 사실을 받아들일 정도로 대범하지 않았으며 융통성도 없었다.

이럴 때는 불필요하게 꿈의 내용이 그 사람 안에 있는 무의식의 내용이라고 설명해 줄 필요는 없다. 왜냐하면 받아들이고 싶지 않은 생각들이 자신 안에 잠재되어 있다는 사실을 알게 되면 불필요하게 자신에 대한 자책이나 열등감을 가질 수 있기 때문이다. 어느 정도 시간이 흐르고 인간은 누구나 그러한 생각을 가질 수 있다는 사실을 받아들일 수 있는 의식수준에 이르렀을 때 그녀는 부담 없이 이러한 마음의 부분을 받아들일 수 있었다.

테세우스와 페이리토스가 저승으로 내려가 하데스의 아내를 납치하려 했으나 실패한 것도 어떻게 보면 이들이 무의식을 받아들일 준비가 되어 있지 않았기 때문이다.

이들의 목적은 누가 보더라도 엉뚱하다고 하지 않을 수 없다. 이들은 무의식의 세계에 내려갔으나 자신이 감당할 수 없을 정도의 무의식의 내용을 동화하려고 시도했던 것이다. 여기서 두 명의 영웅이 페르세포네를 지상으로 납치하려고 했던 것은 무의식을 의식화하려고 한 시도라고 볼 수 있다.

하지만 이들은 준비가 되지 않았기 때문에 무의식에 의식이 완전히 묻혀버리는 위기에 처하게 된다. 하데스가 이들에게 처음 내리려고 했던 벌은 죽음이었다. 이런 상태가 된다면 의식은 완전히 소진되어 멍한 상태에 빠지거나 정신병적인 상태에 이르러 자신의 세계에 갇히게 된다. 그나마 다행인 것은 하데스가 이들에게 내린 벌은 망각의 의자에 앉는 것이었다.

망각의 의자가 상징하는 것은 자신이 감당할 수 없는 무의식의 내용이 의식에 튀어 나왔을 때 우리가 흔히 의식적으로 부정하거나 모른 체하는 경우라고 할 수 있다. 뭔가 자신 안에 불쾌하고 불편한 느낌 등이 있으나 이것에 대해 자세히 알게 되면 의식에 지나친 영향을 미치지 않을까 하는 두려움이다.

이때 가장 좋은 방법은 자신의 무의식적인 내용을 억지로 잊고 현실만을 보고 사는 것이다. 그리고 받아들일 준비가 될 때까지 기다리거나 영원히 인정하지 않는 것이다.

〈스피어〉에서도 마지막으로 살아남은 노먼, 베스, 해리는 마법의 능력이 있는 구체에 대한 사실을 잊기로 한다. 이 장면은 하데스가 내린 벌인 망각의 의자를 떠올리게 한다.

이들은 사실 구체가 남용될 것이 두려워서 잊기로 했다기보다는 자신 안에 존재하는 어린 시절의 상처, 탐욕, 살의, 경쟁심 등을 떠올리는 것이 고통스러워 모두 망각의 저편으로 보내고 다시 지적이며 선량한 인간으로 돌아가기를 바랐기 때문일 것이다.

포르노그래피
은밀하지만 강렬한 인간의 성적 욕망

📽 포르노그래피를 그린 영화들

포르노그래피는 그리스어의 '창녀에 대한 문서'라는 뜻의 '포르노그라포스(pornographos)'에서 유래했다. 로마 황제인 티베리우스는 춘화도 수집에 몰두해 개인 도서관을 보유하고 있을 정도였는데 그의 장서 대부분이 동양에서 전래된 것이라고 한다.

서양에서는 기독교의 영향으로 성행위를 금기시했기 때문에 20세기까지도 예술이나 문학작품에 에로물이 등장하는 것을 제한했다. 기독교에서 성행위는 출산을 위해서만 필요하다고 생각했으며, 쾌락의 목적을 가진 성행위는 비도덕적이라고 여겼기 때문이다.

예전에 춘화도 정도의 수준에 머물던 포르노그래피는 활동사진의 등장으로 성행위 장면을 생생하게 묘사하기 시작했다. 그리고 상황은 역전되어 현대적인 개념의 노골적인 포르노그래피의 범람은 서양이 원조가 된다.

포르노그래피의 해악에 대한 논란은 끊이지 않고 있다.

포르노그래피를 긍정적으로 생각하는 사람들은 포르노그래피는 아무런 해도 없으며, 성적 긴장감을 완화시키는 데 도움을 준다고 주장한다. 이런 의견에 강하게 반론을 제기하는 측은 페미니스트들이다. 포르노그래피는 남성을 겨냥해서 만들어졌으며, 내용도 대부분 여자를 비하하고, 포르노그래피 속의 여자에 대한 폭력은 남성들의 폭력을 부추긴다고 주장한다.

그러나 이러한 우려의 목소리와는 달리 미국에서 강간범, 아동 성추행범, 성폭력범들이 일반인들에 비해 청소년기에 포르노그래피를 적게 보았으며, 덴마크에서 포르노그래피가 공급된 이후에 성범죄가 많이 줄어들었다는 보고도 있다.

그리고 한 연구에 따르면, 포르노물에 노출된 뒤 성행위나 자위행위가 늘어나지만 이는 일시적인 현상일 뿐 48시간 이내에 정상으로 돌아온다고 한다.

포르노그래피의 해악에 대한 논란은 포르노그래피를 주제로 한 영화들에서도 볼 수 있다.

〈8미리〉는 사설탐정 탐 웰즈가 한 귀부인의 의뢰로 죽은 남편의 금고에서 발견된 8미리 스너프 필름의 정체를 밝혀나가는 내용을 담고 있다.

스너프 필름이란 배우가 연기하는 것이 아니라 실제로 사람을 죽이거나 강간하는 장면을 찍은 필름을 말하는데, 포르노그래피의 극단적인 형태라고 할 수 있다.

이 영화에서는 포르노그래피와 관련된 인물을 매우 기괴하고 악마적으로 그리고 있다.

포르노그래피로 명성을 떨치고 있는 유명한 감독인 디노 벨벳은 돈을 위해서라면 사람을 죽이는 장면까지 촬영한다. 또한 머신이라는 별명을 가진 유명한 포르노 배우는 일상생활에서는 선량하고 평범하며 착한 아들이지만, 가면을 쓰고 영화를 찍을 때는 악마로 바뀌어 사람을 죽이는 인물이다.

결국 스너프 필름 속에 등장했던 여성은 실제로 살해되었으며, 의뢰를 했던 미망인의 남편이 스너프 필름의 주문자였다는 것이 밝혀진다. 그는 사회적인 명성과 부를 얻고 많은 사람에게 존경을 받고 있었지만, 그 이면에는 이런 추악한 모습이 있었던 것이다.

이 영화에서 포르노그래피란 인간 이면에 존재하는 추악하고 잔인하며 변태적인 속성이 표출되고 있는 통로의 의미를 담고 있다.

반면 〈부기 나이트〉에서는 우리가 인간 이하의 취급을 하고, 우리와는 다른 부류의 사람이라고 생각했던 포르노 배우의 삶을 적나라하게 그리고 있다. 이 영화는 〈8미리〉와 달리 포르노에 대한 인간적인 공감과 연민을 담고 있다.

아무런 재주도 없는 사회의 열등생인 에디 아담스는 신분 상승을 꿈꾸며 포르노 영화의 세계에 뛰어든다. 그는 어머니뿐 아니라 주변 사람들로부터 전혀 인정받지 못했지만, 성기가 크다는 신체적인 특징 때문에 포르노 배우가 되면서 자신의 재능을 발견하게 된다. 그리고 혼신의 힘을 다해 우리가 쓰레기라고 부르는 포르노 영화의 배역을 훌륭히 소화해 낸다.

이 영화에서는 포르노 배우라는 편견 때문에 무조건 자식의 양육권을 빼앗기고, 같은 반의 남학생에게 놀림을 받고, 새로운 사업을 하기 위해 은행에서 대출을 받으려 해도 금지당하는 그들의 불행한 모습도 보여준다. 이것은 사람들이 은밀하게 포르노그래피를 즐기면서도, 겉으로는 포르노에 대해 멸시와 경멸을 하는 이중적인 태도 때문일 것이다.

그동안 간과되었던 점은 여성만이 포르노그래피의 착취 대상이라고 생각한 점이다. 그러나 남성도 마찬가지다.

에디는 포르노그래피에서 여러 여성을 항상 만족시켜야 하는 초인적인 남성의 정력을 보여주어야 한다. 또한 자신의 감정과는 상관없이 항상 성행위에 몰두해야 하는 기계 같은 삶을 살아야 했다.

결국 에디는 이런 강박관념으로 감독과 불화가 생겨 영화판에서 쫓겨난다. 그리고 몰락의 길로 들어서서 결국 남창이 된다. 마침내 오갈 데 없는 처지가 된 에디는 영화의 마지막 장면에서 감독에게 찾아가 자신을 다시 써달라고 울며 매달린다.

이는 현대사회의 밑바닥 삶을 온몸으로 겪는 사람들의 절규이며, 생존을 위해 치열하게 싸우는 한 인간의 처절한 모습이기도 하다.

🎬 성적 공상이라는 욕망을 채워주는 포르노그래피

수많은 논란에도 불구하고 사람들(주로 남성들)은 왜 포르노그래피를 보는 것일까?

포르노그래피는 주로 남성이 소비자이므로 남성을 겨냥한 상품이라 할 수 있다. 포르노그래피는 사람들의 마음속에서 일어나는 '성적 공상'을 겨냥하고 있다.

공상은 일상생활에서 누리지 못하는 한계와 현실에서 일어나는 좌절에서 벗어나도록 해준다. 사람들은 상상 속에서 만든 세상에서 흥분, 모험, 자신감과 기쁨을 느끼게 된다. 이런 공상들 중 성적 공상이 가장 많다.

성의학자인 윌리엄 매스터즈와 존슨 박사는 《인간의 성적 반응》이란 책에서 우리가 얼마나 성경에서 금기시하는 마음속의 간음을 저지르는지 예를 들어 보여주었다. 두 사람의 연구에 의하면 대부분의 사람들은 성적 공상을 가지고 있으며, 성적 공상을 즐기는 사람도 있지만 어떤 사람은 자신의 종교적인 기준에 맞춰보고 죄책감을 갖고 자기 비하를 하는 경우도 있다고 한다.

그러나 매스터즈와 존슨은 성적 공상에는 긍정적인 면이 있다고 주장했다.

그들은 성적 공상을 실제로 자신이 가지는 욕망과 결부시키는 것은 잘못이라고 지적했다. 배우가 연기하는 것이 자신의 실제 인격이 되지 않듯이, 생각과 행동은 다르다는 것이다. 그 예로 여성의 성적 공상 중에 강간을 당하는 내용이 있다고 해서 실제로 그런 행동이 현실로 이루어지기를 바라는 여성은 없다는 점을 들고 있다. 성적 공상은 억압된 성적욕망을 불러일으키며, 성적 공상을 통해 자신의 행위에 대한 사전 검토를 하여 안전한 성행위를 할 수 있도록 만든다는 것이다.

사람들이 포르노그래피를 보는 이유 중의 하나는 자신이 품었던 성적 공상이 눈앞에 구체적으로 펼쳐지기 때문이다. 또한 포르노그래피는 자신이 가지지 못했던 성적 공상을 제공하기도 한다.

포르노그래피는 배우와 관객을 동일시하도록 만들어 마치 자신이 포르노 배우가 되어 성행위를 하는 착각에 빠지게 한다. 그리고 남자는 여자에 비해 시각적 자극에 민감한 특성을 가지고 있어 화면 속의 영상은 남자를 성적흥분으로 이끌기에 충분하다.

포르노그래피에는 도덕성이란 금기가 존재하지 않는다. 세대 간의 구분도 없으며, 도덕적인 판단도 존재하지 않는다. 그리고 여성은 남성의 의도대로 움직인다. 그래서 포르노그래피에는 여성이 임신하지 않으며, 근친상간까지 존재한다. 그리고 성행위만이 존재하며, 일상의 잡다한 스트레스와 일상적인 일들도 존재하지 않는다.

이런 점에서 포르노그래피는 성적 공상과 일치하며, 성적 공상에서 존재하는 성의 유토피아 그 자체다. 그리고 남성들의 마음속에 존재하는 카사노바 콤플렉스도 만족시켜준다. 영화 속에서 모든 여자는 남자의 눈짓만으로 넘어가고, 상대방과 곧 성행위가 시작된다. 또한 여러 명의 파트너가 그를 만족시키기 위해 기다린다.

따라서 포르노그래피는 남성들이 가진 성적 공상을 충족시키며, 자신과 배우가 동일시되는 착각을 통해 남성들의 카사노바 콤플렉스를 만족하기 위한 대리물로서 여전히 법의 제한을 받음에도 많은 사람이 탐닉하고 있는 것이다.

이러한 공상의 시각화라는 측면 이외에 또 다른 이유는 관음증(voyeurism)과 페티시즘(fetishism)의 취향 때문이다.

관음증이라는 말은 요즘 넓은 의미로 사용하고 있지만, 협의의 관음증은 성도착증의 범위에 들어간다.

관음증은 다른 사람의 벌거벗은 모습이나 성행위 장면을 훔쳐보며 만족감을 얻는 것을 말한다. 대개 훔쳐보는 도중에 또는 자신이 보았던 장면을 회상하며 성적흥분감을 가진다. 관음증환자는 자신이 보았던 사람과는 성행위를 하지 않으며, 보는 것만으로 만족하고, 여성환자는 없다고 해도 무방하다.

정신분석가인 페니켈은 어린 시절 부모의 성관계를 훔쳐보았던 경험이 성인이 되어 관음증으로 나타난다고 보았다.

이런 병적상태의 관음증이 아니라 넓은 의미의 관음증은 단순한 훔쳐보기로 볼 수 있다. 사람들은 누구나 다른 사람에 대한 호기심을 가진다. 그 이유는 대개 남과 비교하고 싶은 심리 때문인데, 이것은 자신이 정말 어떤 일을 제대로 하고 있는가 하는 의문에서 출발한다. 그중 성생활은 남과 비교할 수 없는 부분이다. 그런데 포르노그래피에서는 깊숙한 사적공간을 넘나들며 성행위까지 훔쳐볼 수 있는 기회를 제공한다.

또한 훔쳐보기는 타인에 대해 전지전능한 신적 능력을 갖고 싶은 욕망에서 비롯된다. 〈슬리버〉라는 영화를 보면, 지크라는 인물은 자기 소유의 아파트에 각 방마다 몰래카메라를 설치해 놓고 모든 사람의 사생활을 훔쳐본다. 이 영화에서 몰래카메라의 시점은 항상 피사체를 위에서 아래로 내려다보고 있다. 즉, 하늘에서 지상의 모든 일을 모두 알고 있는 신처럼 그는 아파트에 살고 있는 사람들의 사생활을 꿰뚫어 보고, 사생활에 은밀히 간섭을 하기도 한다.

또한 훔쳐보기는 현대인들의 심리상태를 보여주는 행동이기도 하다. 현대인들은 타인과 관계를 맺기 원하면서도 상처를 받는 것이 두려워 카메라나 망원경 뒤에 숨어서 보기를 은근히 즐긴다. 자신감이 없고 위축된 현대인들이 대인관계는 갖고 싶지만 거절당하지 않을까 하는 두려움이 훔쳐보기로 나타나는 것이다.

이러한 훔쳐보기는 매우 수동적으로 보이지만, 이면에는 파괴적인 측면도 있다. 시각적인 도구를 이용해 남들의 사적공간을 침해하여 남들의 영역을 침범하는 것이다.

이것은 자신이 훔쳐보기를 당했다고 상상한다면 충분히 이해할 수 있다. 자신의 은밀한 부분을 누군가 훔쳐본다면 누구나 화가 날 것이다. 이는 다른 사람의 사적공간에 대한 파괴다. 이런 파괴에 대한 본능은 숨겨진 공격성과 같은 맥락이라고 볼 수 있다. 훔쳐보기는 숨겨진 공격성의 가장 수동적인 방법이다.

사실 남의 사생활을 훔쳐보는 것은 죄책감을 느끼게 한다. 하지만 포르노그래피는 죄책감을 느끼지 않고 남의 사생활을 훔쳐보는 즐거움을 준다.

🎬 미래에는 가상현실을 통한 성행위가 보편화될까?

관음증과 함께 포르노를 보는 사람들(주로 남자들)의 심리가 페티시즘 (fetishism)이다.

그리스 신화에서 페티시즘을 엿볼 수 있는 이야기가 있다.

키프로스섬에 피그말리온이라는 훌륭한 조각가가 있었다. 그는 여자의 결점을 너무 많이 보았기 때문에 여성을 혐오하게 되고 한평 생 독신으로 지내기로 결심했다. 그러던 어느 날 그는 자신의 훌륭한 솜씨를 이용해 상아로 아름다운 여자를 조각하게 된다. 이 작품은 너 무나 완벽해서 마치 살아 있는 사람 같았다. 그는 자신의 작품에 빠 져든 것을 넘어 사랑에 빠지게 되었다.

그는 자신의 작품에 아름다운 옷을 입히고, 목걸이와 귀걸이를 달 아주었다. 그리고 조각품을 쓰다듬으며 아내라고 부르기까지 했다.

피그말리온은 "신이시여, 원컨대 저에게 나의 상아 처녀와 같은 여인을 아내로 맞게 해주십시오"라고 간절히 기도했다.

이에 감동을 받은 아프로디테는 피그말리온의 소원을 들어주어 그의 조각을 살아 있는 여성으로 변하게 해주었다.

성도착증이라는 질병도 주로 남성에게 나타난다. 이들은 성적흥 분을 위해 사람이 아니라 무생물의 대상을 이용한다는 데 문제가 있

🏛 자신의 조각상을 흠모하는 피그말리온 🏛
장 라우 ∣ 1717년 ∣ 파브르 미술관

다. 성적흥분을 위한 무생물의 대상을 바로 페티시(fetish)라고 부른다. 피그말리온이 무생물인 조각을 이성(異性)으로 생각하고 사랑했다는 점에서 피그말리온은 페티시를 사랑했다고 볼 수 있다.

실제로 성도착증이 애용하는 페티시에는 여성의 속옷, 신발, 스타킹, 헤어핀, 손수건 등이 있고 또 여성 신체의 일부분인 긴 머리카락, 눈썹, 손톱, 발톱 등이 포함된다. 이들은 이것을 몰래 여성에게서 얻어 성적 공상이나 혼자만의 성행위의 도구로 이용한다.

물론 성도착증 진단을 내리기 위해서는 페티시만으로 성적 만족을 얻어야 하고, 사람과의 성관계는 없어야 한다.

그렇다면 왜 어떤 사람들은 사람과 성관계를 갖지 않고 물건을 통해 성적흥분을 느끼는 것일까?

프로이트는 페티시를 남근에 대한 대치물로 보았다.

프로이트는 남자아이는 어머니가 남근이 없다는 사실에 매우 경악한다고 생각했다. 또한 아이는 어머니가 남근이 없는 것은 아버지가 어머니의 남근을 거세했기 때문이라고 생각하면서 아버지에 의해 자신의 남근도 거세당하지 않을까 하는 두려움을 가지고 자란다. 소년은 어머니가 남근이 없다는 사실을 믿지 않으려 하고, 어머니의 남근을 포기하지 않으려고 한다. 그래서 페티시란 여성의 남근을 상징한다는 것이다. 즉, 소년은 무의식적으로 여성(어머니)이 남근이 있다면, 자신도 거세불안에서 해방될 수 있다고 생각한다. 그래서 페티시, 즉 여성의 남근을 성적 대상으로 계속 삼게 되어 성도착자가 된다고 생각했다.

프로이트는 이처럼 페티시가 여성이 잃어버린, 그리고 소년이 생각하는 상상 속의 남근의 대치물이라고 보았다. 그러나 넓은 의미에서 페티시는 인간이 제외된 성을 상징하는 어떤 대상이라고 볼 수 있다.

페티시는 사실상 성도착증이 없어도 성의 대치물로 많이 이용된다. 그런 면에서 현대에는 성을 상징하는 페티시가 많이 존재한다.

광고를 보더라도 은연중에 성행위와 성기를 상징하는 광고물을 흔히 접할 수 있으며, 카피에도 성행위를 상징하는 문구를 일부러 넣는다. 또한 가수들의 율동과 무용에도 성행위를 연상시키는 동작들이 많다. 그리고 상품의 모양(여성의 화장품 중에는 여성을 대상으로 한 페티시도 존재한다)과 포장이 성적인 암시를 주는 것도 많다.

이처럼 페티시가 확산된 배경에는 성에 대해 대담해진 면도 있지만, 한편으로 사람들이 실제의 대상인 인간과의 관계를 두려워하기 때문이기도 하다.

그리스 신화의 피그말리온도 여성에 대한 혐오감 때문에 여성을 사귀지 못하고 무생물을 사랑하는 사람이다. 그는 여성이 혐오스러워 무생물을 사랑했지만, 여성 앞에 떳떳이 나서지 못하는 자신의 열등감 때문이었을 수 있다.

이런 열등감으로 인해 사람들은 혼자만의 성행위를 할 수 있는 도구를 찾는데, 포르노그래피가 이에 해당한다. 실제로 남성 중에 성기능 장애가 없는데도 불구하고 아내와의 성행위를 피하고 포르노그래피만 탐닉하는 사람도 있다.

이는 인간관계에 대한 부담에서 오는 행동이라고 볼 수 있다.

실제로 성행위를 두려워하는 남성들이 있다. 성행위를 통해 사랑받지 못할까 하는 두려움과 사랑을 잃지 않을까 하는 공포를 체험하며, 무기력하고, 부적절한 부분을 드러내야 하는 두려움을 가진다. 그러나 페티시는 자신이 필요할 때 이용할 수 있으며, 실제의 사람처럼 예측할 수 없거나 이별의 아픔을 겪지 않아도 된다.

그래서 인간관계에서 점점 수동적이 되고, 자신감을 갖지 못하며, 개인적인 생활에 파묻히게 되는 현대인들에게 페티시는 점점 더 확산될 것이다.

피그말리온 이야기의 결말은 우리에게 시사하는 바가 크다. 결국 그도 무생물인 조각작품에 만족할 수는 없었다는 것이다. 그는 사람으로 변한 자신의 조각품과 맞닥뜨림으로써 자신이 갖고 있던 이성에 대한 두려움을 이겨냈다.

그러나 앞으로 친밀감이 없는 성행위, 즉 포르노그래피 같은 페티시를 사랑의 대상으로 숭배하는 현상은 점점 증가하게 될 것이다. 테크놀로지의 발달로 인해 사람과 접촉하지 않고도 페티시를 통해 성적 만족을 충분히 얻을 수 있기 때문이다.

그래서 SF영화들이 보여주듯이 미래의 성행위는 가상현실을 통해 이루어지는 것이 보편화될지도 모른다.

제5장

삶이란 태어나서
죽음에 이르는 여정

벤자민 버튼의 시간은 거꾸로 간다

시간은 예외 없이 모든 사람에게서 모든 것을 가져간다

🎬 시간이 거꾸로 흐른다면 우리 삶은 더 많은 것을 누리게 될까?

우리의 삶은 많은 것을 잃어가는 여정이다. 가장 대표적인 예가 우리의 수명이다. 생명을 받고 태어나는 순간부터 수명은 점점 줄어들어 죽음을 향해 앞으로만 달려간다.

물론 우리가 잃기만 하는 것은 아니다. 삶을 살아가면서 많은 것을 얻게 된다. 태어나자마자 부모를 얻고, 형제자매를 얻기도 하고, 자라면서 친구들을 얻는다. 또한 직업을 얻고, 배우자를 얻고, 자식을 얻기도 한다. 그 외에 많은 친척이 주변에 있고, 사회생활을 하는 동안 많은 동료를 만나기도 한다. 재산을 모으고, 명예뿐 아니라 다른 사람으로부터 인정을 받고 신망을 얻기도 한다.

하지만 이런 모든 것도 영원히 가질 수 있는 것은 아니다. 언젠가

부모는 내 곁을 떠나가고, 형제나 자매도 그 길을 밟는다. 재산도 힘들게 모았지만 어느 순간 모든 것을 잃어버리기도 한다. 명예나 직위도 영원히 지킬 수 있는 사람은 없다. 모든 것은 세월 속에 스러져가게 되어 있다.

평생 재산이나 명예, 건강을 잘 지켜내는 사람들도 있지만, 그런 사람도 죽음 앞에서는 어떤 것도 지켜낼 수 없다. 모든 것을 다 두고 이 세상을 떠나야 하기 때문이다. 결국 남는 것은 아무것도 없다.

우리 삶은 시간이 좌우한다. 시간은 손아귀에 쥔 모래처럼 술술 빠져나가 버리고, 내가 가진 모든 것을 다 없어지게 한다.

한 사람이 태어나서 많은 사람을 만나고 많은 것을 얻지만 결국 남는 것은 아무것도 없게 되는 인간의 일대기를 그린 영화가 있다. 〈벤자민 버튼의 시간은 거꾸로 간다〉라는 영화다.

이 영화는 한 사람의 일생을 통해 그가 얻은 것과 잃은 것을 조망해 보여줌으로써 우리 인생의 대차대조표를 생각해 보게 한다. 또한 우리는 시간 앞에서 무력한 존재들이지만, 그 유장한 시간의 흐름 속에 단지 몸을 맡기기만 하면 된다는 사실도 깨닫게 해준다.

영화는 전쟁터에서 전사한 아들이 살아 돌아오기를 바라는 장님 시계공의 이야기로 시작된다. 그는 아들이 돌아올 수 없다는 것을 알면서도 시곗바늘이 거꾸로 가는 시계를 만든다. 시간을 다시 돌리고 싶기 때문이다.

단추공장을 경영하는 한 남자가 아들을 얻는다. 하지만 출산의 후유증 때문에 아내를 잃는다. 게다가 태어난 아들은 여든 살은 되어 보이는 노인의 모습을 하고 있다. 그 남자는 아들 때문에 아내를 잃었다는 분노감과 아들의 외모 때문에 아들을 양로원 앞에 버린다.

버려진 아들은 운 좋게 마음씨 좋은 퀴니 아주머니의 손에서 자라고 양로원 식구들의 귀여움을 독차지한다.

벤자민 버튼은 그렇게 태어났지만 나이가 먹을수록 점점 젊어지는 기현상이 몸에서 나타난다. 그래서 열두 살이 되었을 때 60대의 모습을 보인다. 이때 여섯 살이 된 데이지를 만나게 되는데, 그녀는 벤자민 버튼의 운명적인 사랑이 된다.

벤자민은 점점 나이가 들수록(점점 젊어질수록) 자신이 사는 곳이 너무나 좁다는 것을 알게 된다. 그래서 그는 선원이 되어 세상을 떠돌아다니다 전쟁을 치르기도 한다. 그러다 집에 다시 돌아왔을 때 데이지와 만나게 되는데, 그녀는 발레를 전공하고 있었다.

벤자민과 데이지는 만나고 헤어지기를 반복하지만, 둘의 나이가 비슷해지는 시기에 다시 만나 행복한 시간을 보낸다. 그리고 둘 사이에 아기도 생긴다. 하지만 불행하게도 벤자민은 점점 젊어지고, 데이지는 점점 늙어간다. 벤자민은 그녀의 곁을 떠나기로 마음먹는다. 자신이 점점 젊어지기만 하는 몸을 가지고 있기에 자식을 키울 수 없다는 것을 잘 알고 있기 때문이다. 둘은 또다시 헤어지게 되고, 세월이 흘러 벤자민은 자신의 이름도 기억하지 못하는 아이가 되어 발견된다.

벤자민은 시간을 거꾸로 산 사람이다. 노인으로 태어났지만 점점 젊어지면서 나중에는 아기가 되는 과정을 겪는다. 이 영화는 만약 우리가 시간을 거꾸로 돌릴 수 있다면 어떻게 될지 생각해보게 한다. 만약 가능하다면 우리는 삶에서 겪어야 하는 많은 상실에서 벗어날 수 있을까?

하지만 시간을 거꾸로 살았던 벤자민도, 시간을 제대로 살았던 데이지도 시간의 순서만 다를 뿐 인생에서 겪어야 하는 상실에서 벗어날 수 없었다. 벤자민이 젊어질수록 주변 사람들은 하나둘 저세상으로 떠나고, 그가 사랑하는 데이지는 점점 늙으면서 죽음에 한 발짝 더 다가가게 된다. 또한 그가 가졌던 젊음은 도를 넘어 어린아이로 변했고 그도 죽음을 맞이했다.

시간은 거꾸로 돌리나 바로 돌리나 우리에게서 모든 것을 빼앗아간다는 사실은 차이가 없다는 것이다.

죽음을 두 번이나 피했던 시시포스

인생에서 가장 큰 상실은 무엇일까? 그것은 존재가 소멸하는 자신의 죽음일 것이다. 그리고 사랑하는 사람의 죽음도 포함한다.

그리스 신화에서 죽음의 신은 타나토스다. 그의 쌍둥이 신이 있는데, 잠의 신인 힙노스다. 잠을 자는 동안 우리는 어쩌면 일시적인 죽음의 상태인지도 모른다. 그래서 고대 그리스인들은 잠과 죽음의 신을 쌍둥이라고 한 것은 아닐까?

그리스 신화에는 우리 인간에게 가장 큰 상실인 죽음을 두 번이나 속아 넘긴 사람이 등장한다. 그는 바로 코린토스의 왕 시시포스다. 그는 원래 꾀가 많고 거짓말을 잘하며 임기응변에 능한 사람이었다. 그런데 어느 날 올림포스 신들의 왕인 제우스를 화나게 하는 사건을 만든다. 그래서 제우스는 그에게 타나토스를 보낸다. 즉, 제우스가 시시포스에게 내린 벌은 바로 죽음이었다.

자신에게 죽음이 닥칠 것을 예견한 시시포스는 타나토스가 당도하자 "먼 길 오셨으니 차나 한잔 마시고 갑시다"라고 하며 흰소리만 늘어놓고 이런저런 이야기를 하면서 정신을 쏙 빼놓았다. 타나토스가 방심하고 있자 시시포스는 타나토스를 결박해서 골방에 가두었다. 그렇게 해서 그는 죽음에서 벗어나게 되었다.

죽음의 신 타나토스가 없어지자 곤란해진 두 신이 있었다. 저승의 신인 하데스와 전쟁의 신인 아레스였다. 하데스는 저승에 들어오는 자들이 없어 저승의 심판대는 파리를 날리고 있었고, 저승인구는 더 이상 늘어나지 않았다. 또한 전쟁의 신인 아레스는 아무리 인간들에게 분란을 일으켜 전쟁을 일으켜도 죽는 병사가 없으니 싸움이 판가름이 나지 않는 것이었다. 그래서 성질 급한 아레스는 시시포스의 집에 가서 직접 죽음의 신인 타나토스를 구해서 데리고 나왔다.

이렇게 되자 제우스는 감히 신을 속이고 죽음을 속인 시시포스에게 더욱 화가 났다. 그래서 타나토스에게 다시는 속지 말라고 몇 번을 당부하면서 시시포스에게 다시 보냈다. 그러자 시시포스는 타나토스가 오기 전에 아내에게 자신이 죽은 후 시체를 내버려두고 장례식을 치르지 말라고 했다.

타나토스와 저승의 세계로 내려간 시시포스는 불만을 터뜨리기 시작했다. 내가 못된 아내를 만나 죽었는데 장례식도 치러주지 않으니 어찌 이럴 수 있냐고 저승의 신인 하데스에게 만날 때마다 같은 말을 반복했다. 그리고 아무리 저승이지만 이렇게 불공평해도 되냐고 따지기까지 했다. 누구는 호화롭게 장례식을 치르는데, 내 팔자는 박복해서 시체가 썩어들어가도 누구 하나 거들떠보지 않는다고 하소연했다. 결국 하데스는 시시포스에게 3일의 시간을 줄 테니 지상으로 올라가 장례식을 치르라고 하였다.

하지만 지상으로 올라간 시시포스는 저승으로 돌아갈 생각을 하지 않고 다시 살아나서 즐겁게 인생을 살아갔다. 이에 더 이상 참을 수 없게 된 제우스는 시시포스를 끌고 저승으로 내려가 저승에서 가장 깊은 곳인 타르타로스에 가두었다. 그리고 매일 바위를 언덕 꼭대기까지 굴려서 올린 다음 그 바위가 언덕 아래로 굴러떨어지면 다시 굴려 올리는 형벌을 내렸다.

이것이 바로 그 유명한 시시포스의 이야기다. 그는 인간으로서 유일하게 죽음을 두 번이나 피해갈 수 있었다.

상실은 채움의 또 다른 과정

우리는 시간 앞에서 참으로 무기력하다. 인생에서 어떤 것을 얻었다고 생각하는 순간 손아귀에서 하나둘 빠져나가게 마련이다. 영원히

🏛 시시포스 🏛
티치아노 베첼리오 | 1548년~1549년 | 프라도 미술관

자신의 건강을, 젊음을, 생명을, 재산을 지켜내는 것이 어렵다는 것을 모르는 사람은 없다. 그렇기에 항상 자신이 가지고 있는 것을 잃어버릴까봐 노심초사하면서 지낸다.

'앞으로 내가 계속 건강하게 지낼 수 있을까? 우리 아이들은 건강하게 자라서 좋은 직업을 가질 수 있을까? 내 재산이 줄어들지 않고 죽을 때까지 여유 있게 살아갈 수 있는 걸까? 우리 부모님이 몹쓸 병에 걸리지 않고 오래오래 사실 수 있을까? 내가 지금 누리고 있는 회사에서의 좋은 위치를 계속 유지할 수 있는 걸까?'

이런 걱정들이 우리 생각의 대부분을 차지한다.

이것을 불교에서는 번뇌라고 한다. 분명 없어지고, 스러지고, 상실되는 것을 알지만 손에 움켜쥐고 절대로 놓지 않으려는 집착으로 인해 우리는 괴로울 수밖에 없다.

사람들은 자신이 가지고 있는 것은 영원히 변하지 않았으면 좋겠다고 생각한다. 그래서 가진 것을 잃거나 없어지는 것은 남의 일이라고 생각한다. 그러다 막상 자신에게 그런 일이 닥치면 당황하지 않을 수 없다.

하지만 상실의 법칙은 누구에게도 예외가 아니다. 건강을 자부하던 사람이 느닷없이 암 선고를 받기도 하고, 어떤 사람은 갑작스레 심근경색으로 쓰러지기도 하고, 또 어떤 사람은 젊은 나이에 불치의 병을 앓기도 한다. 건강에 자신 있던 사람이라면 건강을 잃었다는 상실감 앞에서 마음의 상처도 클 수밖에 없다.

또한 우리는 영원히 내 곁에서 나를 지켜주고 돌봐줄 것만 같은 사랑하는 사람도 떠나보내야 한다. 세월 앞에서 부모님은 점차 노쇠해지고 이런저런 질병으로 인해 병원을 드나드는 횟수가 늘어나게 되고, 결국 자신의 수명을 다하고 우리 곁을 떠나간다.

이렇듯 우리는 갑작스럽게 또는 서서히 자신이 가지고 있던 것을 하나둘씩 잃어만 간다.

어떤 것을 잃게 되면 커다란 슬픔과 절망감에 휩싸이는 것은 당연하다. 하지만 이런 상실 앞에서도 어떤 사람은 슬픔을 빨리 털어버리는 반면 어떤 사람은 평생 그 상실감으로 인해 우울감 속에서 살아간다.

이는 상실을 인생의 한 부분으로 받아들이는가 그렇지 못한가에 달려 있다.

모든 것을 움켜쥐기만 하고 절대 내 인생에서는 어떤 것도 잃어서는 안 된다고 생각한다면, 상실감은 너무나 클 수밖에 없다. 그러나 누구나 느닷없이 또는 서서히 자신이 가진 어떤 것을 잃을 수밖에 없다고 생각한다면 상실감을 보다 덜 겪게 된다.

이것이 바로 시시포스 신화가 우리에게 알려주는 소중한 진리다. 시시포스는 바위가 다시 굴러떨어질 줄 알면서도 바위를 정상까지 굴려서 올린다. 그리고 그 바위가 밑바닥으로 떨어지면 상실감을 맛본다. 하지만 그 상실감을 이겨내고 다시 바위를 저 높은 곳으로 올려보내려고 애를 쓴다. 이것이 바로 인간의 의지이며, 상실을 자신 인생의 일부로 받아들인 사람의 마음가짐이다.

세상만사 어떤 것도 영원하지 않다는 것을 모르는 사람은 없다.

하지만 그 진리를 인정하고 싶어 하지 않는다. 자신만이 특별하고, 대단한 사람이라고 생각하는 착각이 더욱 큰 상실감을 낳는 법이다. 인생의 이법 앞에서 우리가 겸손해질 때, 나도 자연의 법칙에 속하는 일부분이라고 자각할 때 우리는 도리어 상실의 법칙에서 벗어날 수 있다.

때가 되면, 시간이 흐르면 자기가 가진 어떤 것도 소멸될 수 있다는 진리를 받아들인다면, 우리는 상실을 자신의 일부분으로 받아들이게 된다. 그러면 오고 가는 것, 없어지고 생기는 것, 만들어지고 파괴되는 것, 일어났다가 스러지는 모든 변화들이 슬픔이 아니라 인생에서 겪어야 하는 변화의 산물이라는 진리를 깨닫게 된다. 그리고 마지막엔 죽음도 편안하게 받아들일 수 있다.

상실의 법칙 앞에서 우리는 자신이 유한한 존재라는 사실을 통해 한순간 한순간이 얼마나 의미가 있는지, 그런 변화가 얼마나 경이로운지, 내 인생의 변화가 또 얼마나 소중한 것인지 깨닫게 된다. 그래서 인생은 잃는 것을 통해 도리어 자신을 채울 수 있는 것이다.

우리 삶에서 상실은 채움의 또 다른 과정이기도 하다.

스틸 라이프

우리는 삶을 선물 받은 가치 있는 존재들

🎬 고독사한 사람의 가족을 찾아주는 일을 하는 남자

〈스틸 라이프〉라는 영화에는 독특한 일을 하는 사람이 등장한다. 존 메이는 22년째 공무원 생활을 하고 있는데, 그는 가족도 없이 혼자 살다가 죽어간 사람들의 유품을 정리하고, 그 유품에서 단서를 찾아 가족을 찾아서 연락하는 일을 하고 있다. 그는 언제나 힘들게 가족의 연락처를 알아내서 연락을 해 보지만, 가족들에게서 듣는 대답은 냉담하기 짝이 없다. 장례식에 참석하지 않겠다고 하는 경우가 대부분이다. 그는 제발 장례식에 참석해서 고인의 마지막 가는 길을 함께 해달라고 사정을 해 보지만 응하는 가족은 거의 없다. 그래서 그는 대부분 신부님과 단둘이 장례식을 거행하곤 한다. 조사는 유품을 통해 죽은 사람이 어떻게 살았는지 추측해서 존 메이가 작성을 하면 신부님이 대신 읽어준다.

존 메이의 일상은 매우 단조롭다. 항상 같은 시간에 퇴근하고, 같은 시간에 간단하게 식사를 한다. 그리고 그 자신도 가족 하나 없이 혼자 살아가고 있다.

그는 고독사를 종결할 때마다 죽은 이가 남긴 유품 중 사진 한 장을 자신의 앨범에 간직한다. 그렇게 그를 거쳐간 망자들은 점점 쌓여간다.

그러던 중 자신의 아파트 맞은편에서 살던 빌리 스토크란 사람의 사건을 맡게 된다. 그가 죽으면서 남긴 것은 앨범뿐이었는데, 그 안에는 해맑게 웃고 있는 소녀의 사진들이 들어 있었다. 그런데 그의 단조로운 일상에 변화가 찾아오게 된다. 그가 근무하던 구청에서 그에게 해고 통보를 한 것이다.

그는 며칠의 시간을 달라고 하고 빌리 스토크의 가족을 찾기 위해 동분서주한다. 빌리 스토크가 포클랜드 전쟁에서 같이 싸웠던 전우를 만나게 된다. 또한 그가 일하던 직장 동료, 한때 사귀던 여자도 만나게 된다. 그리고 마지막으로 그의 딸까지 찾아낸다. 그녀는 정처 없이 떠돌기만 하고, 감옥을 제집 드나들 듯하며 가족을 돌보지 않았던 아버지에 대한 좋지 않은 기억 때문에 존 메이를 별로 환영하지 않는다. 아버지의 부고를 접하고도 그녀의 표정은 미동도 하지 않고 그냥 가라고 말할 뿐이다.

결국 빌리 스토크의 장례식이 치러진다. 존 메이의 바램대로 그가 생전에 알고 지냈던 노숙자들, 전우, 한때 만났던 여자, 그리고 딸이 장례식에 참석해서 빌리 스토크의 마지막 가는 길을 배웅한다.

한편 빌리 스토크의 장례식이 열리던 장지에서 얼마 떨어지지 않은 곳에서 한 구의 시신이 매장되고 있었지만 참석한 사람은 아무도 없었다. 그 망자는 바로 존 메이였다. 존 메이는 빌리 스토크의 유가족들을 찾아 돌아다니던 도중 교통사고로 죽었던 것이다. 그는 자신이 맡은 망자를 위해 열심히 뛰어다녔지만, 정작 그의 장례식에는 참석할 사람이 아무도 없었다.

하지만 영화는 비현실적이고 환상적인 장면을 넣어 이 영화를 마무리하고 있다. 그동안 그가 가족을 찾아주었던 망자들의 영혼이 하나둘씩 나타나 그의 장례식에 참석했다. 그렇게 그의 장례식은 많은 망자 하객들로 넘쳐나는 성대한 장례식으로 마무리된다. 그래서 영화는 단조롭고 외롭게 살았던 존 메이의 삶이 헛되지 않았음을 보여주며 막을 내린다.

🎬 하데스 유형의 사람들의 특징

그리스 신화에서 죽음과 지하세계를 관장하는 신은 하데스다. 로마 신화에서는 플루토라고 불린다. 하데스의 아버지는 크로노스다. 크로노스는 자식이 자신의 왕위를 찬탈할 것이라는 신탁을 받고 두려움에 떨게 된다. 그래서 아내 레아와의 사이에서 낳은 자식들을 모두 집어 삼켜버린다. 제일 먼저 크로노스가 삼킨 자식이 하데스이며, 제우스가 꾀를 내어 자식들을 토하게 했을 때는 제일 마지막에 나오게 된다. 그는 이렇게 다시 지상으로 나오게 되었지만, 제우스와 포세이돈과 함께 제비뽑기를 해서 지하세계를 맡게 되었다. 이때 제우스는 하늘을, 포세이돈은 바다를 지배하게 된다.

하데스는 지하세계를 지배하게 되어 땅속 깊숙이 들어앉아 지상으로 나가지 않고 자신의 자리만 지킨다. 하데스는 저승의 신이면서 동시에 저승이나 죽음을 뜻하는 그리스어 단어이기도 하다. 그는 모습을 감추는 투구, 퀴네에를 가지고 있어 아버지인 크로노스의 무기를 빼앗는 활약을 펼쳤다. 이 투구는 죽음이란 언제든 찾아올 수 있다는 상징을 갖고 있다.

하데스는 지하세계를 지배하기 때문에 땅속의 귀금속을 모두 갖고 있다는 이유로 재물의 신으로도 불리는데, 이 경우 플루토스(Ploutos, 넉넉하게 하는 자)라고 불렸다. 사실 지하세계는 인간의 무의식을 상징하는 것으로 우리가 자신의 무의식에서 귀중한 보물을 찾을 수 있다는 뜻이 담겨 있다. 당시 그리스인들은 하데스란 죽음을 의미하기 때문에 입에 담는 것을 꺼려서 플루토스란 이름으로 많이 불렀다고 한다.

하데스는 지하세계에 들어앉아 지상에 나오는 일이 없었다. 아내인 페르세포네를 납치하기 위해 올라온 것 외에 딱 한 번뿐이었다. 이는 하데스란 인물이 매우 내성적이고 다른 사람과 관계 맺는 것을 꺼리는 타입이라는 점을 알 수 있다. 하데스를 닮은 사람들의 특징을 하데스 신이 갖는 여러 가지 면에서 찾아볼 수 있다.

특히 〈스틸 라이프〉의 주인공인 존 메이는 지하세계의 신이자 죽음의 신인 하데스와 매우 닮아 있다.

하데스는 흔히 은둔자로 불린다. 그는 죽음의 세계인 지하세계에서 죽은 자들의 영혼과 같이 살고 있으며, 바깥세상인 지상에는 아무런 관심도 흥미도 없다. 존 메이도 혼자 살면서 하는 일은 매일 죽은 자들의 자취를 찾아 가족을 찾는 일이다. 그는 친구도 친척도 없으며, 혼자서 밥을 먹고 누구와도 어울리지 않는다. 또한 그가 죽은 자들의 세상에서 살아간다는 점에서도 하데스와 같다고 볼 수 있다.

존 메이는 죽은 자들의 유품을 통해 죽은 자와 대화를 나누는 것처럼 보이며, 그것을 통해 살아 있는 가족을 찾아주고, 장례식에 참석하게 하려고 한다. 그는 살아 있는 자가 아니라 죽은 자를 위해 산다는 점에서 하데스와 같다.

하데스가 지하세계에만 머물고 있다는 것은 그의 심리 상태가 매우 내성적이고 다른 사람의 방해를 받고 싶지 않으며, 외골수처럼 자신이 좋아하는 분야만 파고든다는 것을 의미한다. 존 메이도 자신이 하는 일에만 매달릴 뿐 세상사에 관심이 없으며, 죽은 자들에게만 관심을 쏟고 그들이 마지막 가는 길을 지켜주는 일에만 매달린다.

그리고 융통성이 없어 죽은 자의 가족을 찾는 일과 그들의 장례식에 시 예산이 많이 들어가자 그는 직장에서 쫓겨나고 만다. 하데스 유형의 기질을 가진 남자들이 흔히 그러하듯 현실과 조화를 이루지 못하고 자기 일에만 매달린 결과다. 하지만 존 메이가 그렇듯이 하데스 유형의 남성들은 이해타산을 따지지 않고 현실에 부적응을 보일

지라도 자기 일에 매달려 작은 기쁨을 얻는다. 그래서 존 메이는 죽은 자들이 남긴 사진들을 한 장 한 장 모으고, 그가 한 일을 반추하면서 만족한다.

하데스가 다스리는 지하세계 곧 죽은 자들의 세계에 발을 들여놓는 자는 다시는 나갈 수 없다. 물론 그리스 신화에는 지하세계에 들어갔다가 나온 이들이 몇몇 눈에 띈다. 남편인 사랑의 신 에로스의 행방을 찾기 위해 에로스의 어머니 아프로디테의 명령으로 프시케가 지하세계로 내려가 화장품 단지를 가지고 나온 적이 있다. 또 오르페우스가 사랑하는 아내인 에우리디케가 독사에 물려 저승으로 갔을 때 아내를 구하러 내려간 적이 있었다. 하지만 오르페우스가 죽은 아내를 거의 구하려는 순간 뒤를 돌아보지 말라는 하데스의 말을 지키지 못해 결국 죽은 아내를 구하지 못하게 되었다. 그러나 오르페우스는 살아 있는 자로 저승을 다녀온 사람으로 남게 된다. 그 외에 몇몇이 있었으나 저승세계는 아무나 들어갈 수도 없고 나갈 수 없는 곳이다.

이처럼 하데스가 지배하는 세계는 배타적이고 함부로 들어갈 수 없는 공간이다. 존 메이의 정신세계도 남들이 들어갈 수 없는 배타적인 세계이며 현실과 동떨어져 있다고 볼 수 있다. 하데스가 다스리는 지하세계는 깊고 깊은 어둠 속에서 하데스가 홀로 영혼들과 존재한다. 그래서 이런 지하세계는 우울증의 상태와도 같다고 볼 수 있다. 이 깊은 우울증에 빠지면 좀처럼 빠져나오기 쉽지 않다. 지하세계에서 외부 현실과 접촉을 하지 않는 상태이기 때문이다.

🏛 금상자를 열어 보는 프시케 🏛
존 워터하우스 ｜ 1903년 ｜ 개인 소장

그러나 존 메이는 하데스 유형의 남성들이 흔히 빠지기 쉬운 우울증의 상태는 아니다. 깊은 어둠 속 지하세계에 빠져 현실에 대해 전혀 관심이 없고, 매사에 만족감이 없고, 의욕이 없으며, 무엇을 해도 재미가 없는 그런 성향은 아니라는 것이다. 그는 분명 망자의 세계에 빠져 있지만, 망자를 만날 때마다 지치지 않고 지루해하지 않으며, 자신의 사명이라고 생각하고 가족을 찾아주려고 노력한다.

그런 그에게 관심을 갖는 여자가 나타나서 그의 세계에 발을 들여 놓을 수 있는 여지가 보이는 듯했다. 그에게 이제 하데스의 아내였던 페르세포네가 등장하는 것 같은 희망이 엿보이기도 했다. 그러나 그가 사망하는 바람에 그의 세계는 결국 남들이 발을 들여놓지 못하는 금단의 세계로 남게 된다. 그만큼 하데스 유형의 사람의 세계는 아무나 들어갈 수 없는 곳이며 배타적이라는 것을 뜻한다.

죽음 전에 우리가 누리는 삶이라는 축복

우리는 누구나 죽음을 맞게 된다. 그것을 피할 도리는 없으며, 그 사실을 알기에 인간으로 태어난다는 것은 숙명적으로 외롭고 슬프기도 하다. 홀로 저승길로 떠나야 하는 망자의 외로움을 알기 때문이다. 그런데 상황은 예전에 비해 더욱 나빠졌다. 옛날에는 가족들에게 둘러싸여 임종을 맞이할 수 있었지만, 갈수록 혼자 사는 사람의 비율이 점점 늘어나고 있어 혼자서 죽음을 맞이할 확률도 높아지게 되었다. 아무도 모르게 혼자 죽음을 맞는 것을 고독사라고 한다. 시대의 흐름에 따라 사람들 사이의 애정은 메말라가고 가족들도 보지 않고 지내는 경우가 많다. 현대인들의 삶은 물질적으로는 풍족해졌으나, 정신적, 감정적인 면은 메마르고 척박해졌다.

죽음은 누구에게나 두려운 것인데 그것을 혼자 감당하고 짊어져야 하는 심정은 어떨까. 감기가 걸려 일주일 정도 앓아누워도 만사가 다 귀찮고, 사는 게 참 힘들구나 하는 생각이 들기도 한다. 그런데 몸이 쇠약해지고 거동도 하지 못하는 상태에서 돌봄을 받지 못하고 결국 숨을 거두는 고독사를 맞이하는 사람들의 심정이 얼마나 비참하고 슬프고 고독할지 상상도 할 수 없다.

〈스틸 라이프〉는 고독사를 다루고 있다. 혼자 죽음을 맞이하는 사람들의 이야기다. 그런데 주인공 존 메이가 마지막 장례식만은 가족, 친지, 지인들이 참석할 수 있도록 그들을 찾으려고 노력하는 내용을 담고 있다. 존 메이는 공무원이기 때문에 적당히 자신의 일을 하고 가족을 찾는 시늉만 할 수 있었음에도 자신의 일에 열과 성을 다한다. 그 이유는 영화의 한 장면에서 찾아볼 수 있다.

그가 간직하고 있는 망자의 유품에서 건진 사진들을 한 장 한 장 보여주는 장면이 있다. 그 사진에는 망자의 어린 시절 사진도 있고, 망자가 한창 젊었을 때 온갖 멋을 부리고 찍은 사진도 있으며, 망자의 부모님 사진도 있다. 모두 빛바랜 사진들이지만, 그 사진 속의 인물들은 결코 빛을 바래지 않고 사연을 간직한 채 빛나고 있었다.

죽음이 고독하다고 해서 그들의 삶이 초라한 것은 아니라는 사실을 사진들은 보여주고 있다. 그들은 살아 있을 때 귀하고 어여쁜 딸이었고, 멋진 아들이었으며, 자랑스런 아버지요, 자상한 어머니였고, 용감한 군인이기도 했다. 또한 그들은 인생이란 험난한 굽이굽이를 헤쳐나가며 풍파와 싸워 이기며 인생길을 걸어간 사람들이다.

아무리 외롭고 비참한 죽음을 맞이한 사람이라도 그것으로 인해 그의 가치가 훼손되는 것은 아니다. 또한 망자가 가진 고결함과 명예가 폄하되는 것도 아니다. 존 메이는 그 사실을 잘 알고 있었던 것이다. 그래서 귀한 삶을 살다간 망자들이 모두 가치 있는 존재들이며, 그들의 가치는 무엇과도 비교할 수 없기에 죽기 전 가족과 지인들을 찾아주려고 애쓴 것이다.

고독사는 우리가 살아가고 있는 삶과는 가장 큰 대비를 이루는 사건이다. 인생의 끝을 가장 외롭게 마치는 것을 뜻하니 말이다. 하지만 그러한 죽음을 맞이했다고 해서 그 사람이 살아온 삶마저 실패했다고 말할 수 없다. 사실 실패한 삶은 없다. 실패한 삶이란 우리가 만들어 놓은 관념에 지나지 않는다. 성공을 단지 돈, 재산, 명예 등의 세속적인 잣대로만 판단할 수 없기 때문이다. 우리는 누구나 자신의 방식대로 만족을 느끼며 살아갈 권리가 있다.

〈스틸 라이프〉에서 존 메이는 망자들이 비록 가족도 없이 홀로 죽었지만, 우리의 삶이란 것이 얼마나 가치 있고 훌륭하며 반짝반짝 빛나는 것인지를 알려주기 위해 장례식만이라도 제대로 해주려고 한 것이다. 자신이 맡은 망자 한 명 한 명이 모두 소중한 삶을 살았던 존재라는 것을 알기에 그는 삶이란 소풍을 마치고 이 생을 떠난 사람들을 축하해 주고 싶었던 것이기도 하다.

그래서 우리는 죽음이 임박해서, 삶의 끝자락에 당도해서 삶의 귀중함을 느끼지 말고, 그전에 이 삶이 얼마나 귀하고 가치 있으며 멋진 것인가를 알아야 한다.

하데스(죽음)가 플루토스(넉넉하게 하는 자)라는 이름이 붙은 것은 바로 죽음이 있어 삶은 더 귀하고 풍성해지기 때문이다.

심플 라이프

인정하고 행복할 것인가,
부정하고 절망할 것인가?

🎬 젊음을 유지하게 해주는 이둔 여신의 사과

북유럽 신화에 젊음과 청춘, 회춘을 상징하는 여신이 있다. 그녀는 이둔이라고 불렸으며, 청춘과 회춘을 상징하는 만큼 아름다운 여신이었다. 그녀의 남편은 브라기였는데 시와 웅변의 신이다. 브라기는 북유럽 신화에서 신들의 왕인 오딘의 아들 중 한 명이다. 이둔은 젊게 해주고 또 젊음을 유지하게 하는 사과 바구니를 항상 들고 다녔다. 신들은 그녀가 주는 사과를 먹고 죽지도 않고 늙지도 않을 수 있었다. 그녀는 청춘과 회춘의 신이기 때문에 젊음을 유지하는 사과를 먹지 않아도 늙지도 죽지도 않았다.

어느 날 체격이 좋고 인물이 준수한 우유부단한 신 호니르, 신들의 왕 오딘, 그리고 사기를 잘 치고 거짓말을 잘하는 말썽꾸러기 신 로키 셋이서 여행을 하던 중이었다. 그들은 배가 고파서 소를 한 마리 사냥해서 잘 잘라서 불 위에 놓고 굽고 있었다. 그런데 고기가 구워지지 않는 것이었다. 그러자 거인왕인 티아지가 독수리로 변신해서 그곳을 날아가다가 자신에게도 나눠주면 고기를 익혀주겠다고 제안했다.

세 명은 티아지가 변신한 독수리의 말만 믿고 소를 독수리에게 내주었다. 그런데 독수리가 그 소를 채가서는 하늘로 날아올랐다. 이때 로키가 재빨리 쫓아가 몽둥이로 독수리의 머리를 쳤는데 그 몽둥이가 독수리의 머리에 달라붙어 떨어지지 않았다. 독수리는 로키를 떼어내기 위해 하늘로 날아오르며 일부러 암벽에도 부딪치고, 나무에 비비고, 바닥에 곤두박질치면서 비행을 멈추지 않았다. 그러자 로키는 생명의 위협을 느껴 제발 자신을 내려달라고 독수리로 변신한 티아지에게 통사정을 했다. 그러자 티아지는 젊음의 여신인 이둔을 숲으로 유인해 오라고 했다. 로키는 살기 위해 그 제안을 수락하고 비로소 땅 위에 내려올 수 있었다.

로키는 티아지가 무서워 이둔에게 접근해서 정말 훌륭하고 당신이 가지고 있는 사과보다 더 좋은 사과를 숲에서 발견했으니 같이 가자고 제안했다. 순진한 이둔은 그 사과를 보고 싶다고 하며 로키를 따라나서 숲으로 들어갔다. 그러자 공중에서 독수리로 변해 이둔을 기다리고 있던 티아지가 이둔을 납치해 자신의 집에 감금했다.

그때부터 일은 벌어지고 말았다.

이둔이 사라지기 전까지 신들은 이둔의 젊게 해주는 사과를 먹고

이둔과 사과
제임스 도일 펜로즈 ㅣ 1890년

늙지도 않고 죽지도 않았는데 사과를 먹지 못하게 되자 큰일이 벌어졌다. 신들은 얼굴에 주름살이 가득해지고, 몸은 비쩍 말라갔으며, 온몸에 힘이 없어지고, 걷는 것도 힘든 노화가 시작되었다. 신들은 매우 당황하고 어쩔 줄을 몰라 했으며, 이둔을 애타게 찾기 시작했다. 그들은 노화를 처음 경험했기 때문에 이둔을 빨리 찾아야겠다는 생각만 하고 있었다. 그들은 점점 늙어가면서 그저 죽음만 기다리는 처지가 되고 말았다.

신들의 왕인 오딘 또한 젊음의 기개와 기상이 스러지고 시름시름 앓게 되었다. 자신이 그런 처지가 되자 오딘은 이둔을 찾는 데 골몰했다. 그때 누군가 로키가 이둔과 있는 것을 보았다고 증언했고 오딘이 로키를 심문해 티아지가 이둔을 데리고 있다는 사실을 알아냈다. 그래서 로키를 시켜 이둔을 데려오라고 명령했다. 로키 또한 자신이 점점 늙어간다는 사실이 서글펐고 그나마 힘이 남아 있을 때 이둔을 데려오기 위해 사랑과 풍요의 여신인 프레이야를 찾아갔다. 그는 그녀에게서 매의 가죽을 빌렸는데, 그 가죽을 입는 순간 매로 변신했다.

매로 변한 로키는 티아지가 사는 궁전에 몰래 들어가 이둔을 데리고 나왔다. 이때 이를 눈치챈 티아지가 독수리로 변해 로키를 추격했지만, 신들이 티아지의 독수리 날개에 불을 붙여 티아지는 날개가 다 타서 땅에 떨어져 죽었다. 이렇게 해서 이둔은 신들의 세상으로 돌아갔고, 이후 신들은 사과를 먹고 다시 젊음과 활기를 되찾게 되었다.

인간의 발달과정에 관한 정신분석 이론을 정립한 에릭슨은 그 발달 과정을 8단계로 나누고 각 단계에서는 발달과제가 존재한다고 주장 했다. 각 단계마다 주어진 과제를 잘 수행했을 때는 다음 단계에 적 응할 능력이 주어지지만 그렇지 못할 경우 적응능력이 떨어져 도리 어 이전 단계로 퇴행한다고 보았다.

예를 들면, 태어나서부터 한 살 때까지는 신뢰와 불신이라는 발달 과제를 가지게 되는데 부모가 일관성 있고 믿을 수 있을 때 아기는 부모에 대한 신뢰감을 형성하며, 부모의 행동이 전혀 예측할 수 없고 믿을 수 없을 때는 불신감이 생긴다고 했다.

에릭슨은 노년기의 발달과제를 통합과 절망으로 보았다. 그는 노 년기에 자기가 살아온 인생을 돌아봤을 때 만족감을 느끼는 것을 일 러 인생에 대한 통합을 이루었다고 하고, 자기 인생이 아무런 목적이 나 의미가 없다고 느끼는 것을 절망이라고 보았다. 통합을 이루려면 자신이 살아온 인생사를 모두 온전히 받아들여야 하며 어떤 요소를 부정하거나 어떤 요인을 강조해서는 불가능하다고 말했다. 노년기의 절망은 자신의 인생을 다시 바꾸고 싶지만 시간은 이미 흘러가버렸 다는 후회와 자기혐오가 깔려 있기 때문이다.

노년의 통합을 이루는 조건 중 하나는 얼마나 남에게 기여했느냐 는 것이다. 내 인생을 남을 위해 희생하고 헌신하고 봉사했다는 자부 심이 그 통합을 이루는 데 커다란 역할을 한다.

노년의 통합을 이루고 자신의 삶을 전부 남을 위해 헌신한 한 여인의 이야기를 담고 있는 영화가 있다. 〈천녀유혼〉을 제작한 영화제작자인 로저 리의 실화를 바탕으로 한 〈심플 라이프〉다.

홍콩에서 잘나가는 영화제작자인 로저는 가족들은 모두 이민을 떠나고 4대째 집안일을 봐주는 아타오와 함께 살고 있다. 로저가 태어나기 전부터 시작해 60년간 가정부로 일해 온 아타오는 로저에게는 없어서는 안 될 존재다. 하지만 그에게 아타오는 그동안 그저 일상의 존재였을 뿐이다. 잦은 출장에서 돌아오면 푸짐하게 먹을 것이 준비돼 있고, 외출복도 항상 새 옷처럼 마련돼 있으며, 말하지 않아도 집은 언제나 평온하고 편안한 쉼터로 꾸며져 있다. 모든 것이 아타오 덕분이다.

그런데 어느 날 아타오가 중풍으로 쓰러진다. 그녀는 도련님인 로저에게 신세를 지고 싶지 않아서 굳이 요양병원에 입원하겠다고 고집한다. 로저는 발품을 팔아가며 요양원을 알아보고 1인 병실을 얻어준다.

그러나 아타오는 요양원 환경이 썩 마음에 들지 않는다. 늘 쓸고 닦는 깔끔한 성격의 그녀가 보기에 요양원은 이곳저곳이 먼지투성이에 더러워 보이기 때문이다. 그리고 위생상태가 별로 좋지 않은 환자들과의 관계도 어색하기만 하다.

그런 그녀에게 유일한 기쁨은 가끔 찾아와주는 로저다. 장기 출장이 잦지만 시간이 날 때마다 들러 필요한 물품을 챙겨주는 로저가 있어 고맙고 행복하다. 누구냐고 묻는 사람들에게 로저가 양아들이라 대답해주어 아타오는 더욱 행복한 마음이다.

　　로저는 자신의 바쁜 일상을 조금씩 뒤로하고 점차 아타오의 병구완에 애를 쓴다. 그런 로저를 위해 다 나은 척 혼신의 힘을 다하는 아타오는 미안하고 고마울 뿐이다. 로저는 시종일관 무심한 표정으로, 겉으로는 아무런 일도 아니라는 것처럼 그녀를 도와줄 뿐이다. 그렇게 시간이 흐르며 아타오는 점차 몸이 쇠약해지고 나중에는 결국 죽음을 맞게 된다.

🎬 지나온 자신의 삶을 인정하고 받아들이는 통합의 힘

현대 사회는 노화에 대한 두려움을 갖고 있다. 사회 전반적으로 늙는다는 것을 인생에서 시들어가는 것쯤으로 여기기 때문이다. 그래서 사람들은 약품이나 수술을 이용해서라도 젊음을 유지하고 늙지 않기 위해 애쓴다. 현대 사회는 노화혐오증에 걸려 있다고 해도 과언이 아니다. 텔레비전에서는 어떻게 하면 동안을 유지할 수 있는지, 보다 젊게 살기 위해서는 어떻게 해야 하는지에 대한 프로그램들이 넘쳐난다.

　　우리가 지금처럼 젊음에 집착할수록 노년에 이르게 되면 사람들은 당황하게 된다. 영원히 젊음을 유지할 수 있을 거라 착각하고 살다가 느닷없이 피할 수 없는 현실에 직면해야 하기 때문이다.

　　북유럽 신화에 나오는 신들도 이둔이 주는 젊음의 사과로 젊음과 죽음을 피하다가 사과를 먹지 못하게 되자 급속한 노화를 겪고 혼란에 빠진다. 이는 상징적으로 노화를 준비하지 못한 사람들이 갑작스레 노화를 인지하는 순간 나타나는 당황스런 상황을 의미한다. 신들은 절대로 자신은 늙지 않고, 죽지도 않을 것이라고 생각했다. 그들은 이둔의 사과를 먹고 자신들이 젊음을 유지하고 있다는 것조차 잊고 있었던 것이다. 그러다가 갑작스레 노화와 죽음을 앞두게 되자 자신들이 신이라고 하더라도 죽음을 맞이하게 된다는 것을 깨닫고 절망과 공포감에 휩싸이게 된다. 북유럽 신화가 재미있는 것은 신들도 늙고 죽을 수 있음을 들려주고 있는 점이다. 이는 이 세상에 무한한 존재는 없으며 누구도 죽음과 노화를 피할 수 없다는 것을 알려주고 있다.

요즘 노년에 대한 준비가 사회적으로 화두가 되고 있다. 실제로 노년에 대한 준비를 하지 못하는 사람이 많기 때문이다. 많은 사람이 자신이 유능한 사람이라 생각하고 있다가 막상 은퇴를 하고 나서는 자신이 없어도 모든 것이 잘 돌아가는 것을 보고 자괴감에 빠진다. 더욱이 은퇴 뒤에 자신이 할 수 있는 일이 없다는 사실에 큰 절망감을 느끼게 된다.

우리는 대부분 젊었을 때는 외적인 타이틀에 자신의 정체성을 의지하면서 살게 된다. 자신이라는 존재를 자신의 직업, 재산, 명예, 그 밖의 사회적인 타이틀로 규정하며 살아간다. 그렇게 되면 정년퇴직을 하거나 직장에서 명예퇴직이라도 당하면 자신의 정체성은 사라져 버리고, 초라한 사람이 되어 버린다.

이것이 직장생활을 하던 남자 또는 여자가 노년에 들어서면서 겪는 가장 큰 스트레스다.

특히 남자들은 자신을 따라다니는 사회적인 타이틀을 자신이라고 착각하면서 살아간다. 그러다 그런 타이틀이 없어지는 순간 갑자기 정신적인 공황에 빠지게 된다. 그제야 '나는 누구인가?', '나는 무엇을 위해 뭘 하면서 살아온 것인가' 하는 기본적인 의문에 사로잡히고, 그 해답을 찾기 위해 방황한다. 그동안 미뤄왔던 숙제를 방학을 하루 남기고 해야 하는 어린아이처럼 당황스럽기만 한 것이다. 이는 내면의 정체성을 한 번도 들여다보지 않고, 외부지향적인 가치에만 의존하면서 살아온 결과다.

그래서 노년을 준비하기 위해서 가장 먼저 해야 할 일은 외적인 타이틀이 별로 중요하지 않다는 사실을 깨닫고, 내면에 존재하는 나 자신을 찾아야 하는 것이다. 내가 아직도 사회적으로 능력이 있고, 뭘 할 수 있는가를 보여주는 것이 아니라, '내 인생이 완벽하지 않고, 잘못도 저질렀고, 실수도 많았지만, 그런대로 최선을 다해서 살아왔다'는 정리가 되어야 한다.

그런 정리가 되지 않으면, 노년이 두렵기만 할 뿐이다. 노년이 되면서 신체는 점점 약해지고, 자신이 할 수 있는 일은 하나둘 사라진다. 늙은 몸을 자식에게 의탁해야 할지도 모르며, 친구나 배우자는 곁에서 하나둘 떠나간다.

하지만 노년은 돈과 타이틀, 가족을 부양하기 위해 안달복달하고 앞만 보고 달려가던 삶의 전쟁에서 물러나 내면을 돌아보며 관조할 수 있는 시기다. 외부적인 것을 자꾸 잃어가지만, 마음속의 평화는 도리어 더 깊어질 수 있다. 노화로 인해 어쩔 수 없이 빼앗긴 젊음이지만, 불가피하게 맞이할 수밖에 없는 노년으로 인해 우리는 진정으로 마음을 비울 수 있게 될지 모른다. 어떤 욕심도, 집착도 없는 마음의 상태에 도달할 수도 있는 것이다.

자꾸 잃을수록 우리의 내면은 점점 더 채워질 수 있다. 외적인 것을 잃을수록 우리의 마음은 도리어 더 홀가분해질 수 있으며, 내면의 진리를 더 잘 볼 수 있는 기회가 열리기 때문이다.

그런 과정을 거쳐 얻는 내면의 평화로움은 노년이 가져다주는 선물이다.

〈심플 라이프〉의 주인공인 아타오는 에릭슨이 말한 노년의 과제를 잘 통합한 사람이다. 그는 자신의 삶에 대한 자부심이 강하다. 비록 하녀로 남의 집에 들어가 60년을 일했지만, 그 집안 4대에 걸쳐 자신이 최선을 다해 그들을 돌봤으며, 양아들 같은 로저가 영화제작자로 잘나가고 있는 것에 대한 자부심이 대단하다. 그래서 그녀의 노년은 절망스럽지 않다. 늙어감을 차분히 받아들이고, 또 노년을 잘 받아들이니 죽음에 대한 두려움마저 없는 것이다.

물론 통합과 절망의 과제는 노년기에만 해당되는 것은 아니다. 어느 나이를 막론하고 자신의 지나간 인생이 잘됐든 잘못됐든, 후회스런 일이 많았든 그렇지 않든 그것을 받아들이는 것이야말로 현재가 평화로울 수 있으며, 만족스러운 삶을 사는 방법이다.

이 영화의 제목은 〈심플 라이프〉다. 인생은 결국 아주 단순하다는 사실을 이 영화는 우리에게 알려주고 있다고 생각한다. 사람이 태어나고 자라고 성년이 되고 또 중년을 거쳐 노년에 이르고 죽음을 맞이하는 아주 단순한 순환이 바로 우리 인생이다. 또한 그런 삶의 순환은 홍콩이든 한국이든 미국이든 어느 곳에서도 일어나고 있고, 그 것이 우리 인간의 운명이라는 것을 알려주고 있다.

그런데 이러한 심플한 삶을 사는 것이 절대로 쉽지 않다. 대부분의 사람이 더 많이 가지려 애쓰고, 더 좋은 것을 누리려고 발버둥 친다. 하지만 우리가 잊지 말아야 할 진리는 삶은 태어나고 자라고 성년이 되고 또 중년을 거쳐 노년에 이르고 죽음을 맞이하는 단순한 순환이라는 사실이다.

우리는 누구나 늙고 죽는다. 그리고 아무리 발버둥 쳐도 노년에 이르게 된다. 노년은 인생의 끝이 아니라 그저 한 과정이다. 그러한 사실을 받아들이지 않으면 노년에 누릴 수 있는 삶에 대한 관조와 자신을 제대로 들여다볼 수 있는 기회를 놓칠 수 있다. 그리고 평화롭게 자신의 인생을 마무리하고 다음 세대에게 자신의 자리를 물려줄 수 있는 시기라는 사실을 잊고 내내 우울감에 젖어 삶을 끝내게 될지도 모른다.

여인사십
가족이라는 굴레

🎬 치매에 걸린 시아버지를 돌보는 40대의 여인

여자에게 40대는 어떤 의미가 있을까?

자녀는 이미 다 커서 어머니의 품을 떠난 상태일 것이다. 남편과
도 결혼한 지 꽤 오랜 세월이 흘러 데면데면한 관계일 뿐이다.

그런 상태에서 문득 자신의 나이를 떠올리고 예전의 자신을 돌아
보면 어떠한가? 꿈 많던 학창시절, 첫사랑, 인생을 살면서 할 수 없이
접었던 많은 꿈이 스쳐 지나갈 것이다. 아마도 이제는 얻은 것 이상
으로 잃은 것이 많을 것이다.

이런 40대를 맞게 된 한 여성과 치매를 앓고 있는 시아버지의 이
야기를 잔잔하게 다룬 영화가 있다. 〈여인사십〉이라는 영화다.

손부인에게는 까다로운 시아버지가 있다. 시아버지는 젊은 시절

공군의 편대장이었다. 그래서인지 가족들 사이에서 군림하려고만 한다. 그는 손 하나 까딱하지 않고 가족들을 부려먹으며 산다. 이런 시중을 잔소리하지 않고 들어주는 것은 시어머니뿐이다.

그러던 어느 날 시어머니가 갑자기 사망하게 된다. 시아버지는 아내의 죽음으로 충격을 받아 아들딸도 알아보지 못하고, 단지 알아보는 사람은 며느리인 손부인뿐이다.

시아버지는 샌드위치를 먹는다고 비누를 빵 사이에 넣어 먹는 행동까지 보인다. 이것을 이상하게 여긴 아들 내외는 그를 병원에 모시고 간다. 병원에서 받은 진단은 치매였다.

이때부터 아들 내외도 고통스런 삶이 시작된다.

아버지는 잠을 자지 않고 수시로 이상한 행동을 하고, 화장실이 어디 있는지 몰라서 그곳까지 가는 방향을 화살표로 그려주어야 한다. 결국 아들 내외는 낮병원에 시아버지를 모시고 간다. 그런데 낮병원의 원칙은 치매환자 중에서도 상태가 좋은 환자만을 받는다. 그러던 어느 날 시아버지는 병원을 나와 길을 배회한다. 그러자 병원에서는 시아버지를 쫓아낸다.

그 와중에도 시아버지는 낙하산이라고 하며 우산을 들고 건물에서 뛰어내리는 행동을 한다.

가족들도 점점 지쳐가고, 거기에 손부인은 컴퓨터를 아주 잘 다루는 젊은 여직원이 들어와 회사에서의 입지도 점차 좁아지는 어려움을 겪는다.

아버지의 치매로 고통받던 가족들은 아버지를 병원에 입원시킨다. 그러나 병원에 면회를 갈 때마다 아버지는 집으로 가겠다고 말한다. 돌아서는 가족들의 마음은 무거울 수밖에 없다.

그러던 어느 날 가족들은 아버지를 모시고 시골로 내려가게 된다. 그곳에서 아버지는 어쩐 일인지 치매에 걸린 후 처음으로 딸의 얼굴을 알아보고는 꽃을 선물한다. 그리고 갑작스럽게 쓰러지면서 생을 마감한다.

영화는 손부인과 남편이 옥상에서 비둘기 모이를 주는 장면으로 끝난다.

아버지는 항상 아무것도 없는 옥상에서 비둘기 모이를 주곤 했었다. 사실 비둘기는 한 마리도 없었다.

그러나 영화의 마지막 장면에서 비둘기가 옥상으로 모여들고 손부인과 남편은 아버지가 한 말이 사실이라는 생각을 하면서 모이를 주게 된다.

불사의 삶으로 고통받았던 티토누스

예전부터 사람들은 영원히 사는 방법을 알고 싶어 했다. 그래서 동양에서도 일찍이 진시황이 불로초를 구하려고 머나먼 우리나라에 사람을 보냈다는 전설이 전해온다. 또한 지구상에서 가장 오래된 이야기인 〈길가메시 서사시〉에서 길가메시는 친구의 죽음을 목격하고 자신은 영생을 얻기 위해 회춘하는 풀을 구하게 되었지만, 뱀이 그것을 먹어버려 희망은 물거품이 되고 만다.

인류 역사에서 고대인들의 수명은 20년을 채 넘기지 못했다. 그러나 과학의 발달로 인해 현재 평균수명은 80세 가까이로 늘어나게 되었고, 100세 시대가 열렸다.

그러나 모든 일에는 대가를 치르게 마련이다. 생명 연장의 대가는 바로 성인병 등의 노년기 질병의 증가를 가져왔다.

이를 단적으로 보여주는 그리스 신화가 있다. 바로 새벽의 여신 에오스와 인간 티토누스의 이야기다.

티탄족의 신 히페리온은 자신과 남매가 되는 테이아와 결혼을 하여 아이를 세 명 낳았다. 태양의 신 헬리오스, 달의 여신 셀레네, 새벽의 여신인 에오스다.

에오스는 장밋빛 손가락으로 하늘의 문을 열어 태양을 떠오르게 하여 인간뿐 아니라 신들에게 빛을 선사하는 역할을 했다. 그녀는 아름다운 외모를 갖고 있고, 날개 달린 말이 이끄는 황금마차를 타고 진한 노란색의 망토를 휘날리면서 어둠을 거두는 모습으로 등장한다. 다른 이야기로는 그녀의 몸에 날개가 달려 하늘을 날아올라 어둠을 걷게 한다고 전해진다. 그러나 이 아름다운 여신은 저주를 받게 된다.

전쟁의 신인 아레스는 에오스를 보고 반하게 된다. 아레스의 연인이었던 아프로디테는 에오스에게 저주를 내리는데 불멸의 신과는 사랑을 나누지 못하고 죽을 운명에 처한 인간과만 사랑을 나눌 수 있게 했다. 그래서 에오스는 인간인 케팔로스를 사랑하게 되었다. 그런데 케팔로스는 결혼 한 지 두 달밖에 안 된 새신랑이었고, 아내는 프로그리스였다. 그래서 아름다운 새벽의 여신 에오스가 접근해도 좀처럼 마음을 열지 않았다.

샘이 난 에오스는 "너의 아내인 프로그리스는 너를 사랑하지 않는다"라고 말하며 케팔로스의 마음을 흔들어 놓는다. 케팔로스는 처음에는 에오스의 말을 믿지 않았지만, 아내가 진짜 자신을 사랑하지 않을지도 모른다는 생각이 들어 아내를 시험하기로 했다. 케팔로스는 변장을 하고 부자처럼 행세하며 프로그리스를 유혹했고, 결국 그녀는 넘어가고 말았다. 그러자 케팔로스는 변장을 벗고 그녀 앞에 나타났다. 프로그리스는 남편이 자신을 시험했다는 사실과 자신이 다른 남자에게 넘어갔다는 부끄러움 때문에 케팔로스 곁을 떠난다. 프로그리스는 정처 없이 떠돌다가 아르테미스 여신에게로 가서 여신을 따르는 무리가 되었다. 그리고 나중에 아르테미스의 중재로 케팔로스와 프로그리스는 화해를 하고 잘 살게 되었다.

에오스는 이번에도 인간인 티토누스를 사랑하게 되었다. 에오스는 트로이의 왕 라오메돈의 아들 티토누스를 너무나 사랑한 나머지 자신의 저주를 깰 방법을 생각한다. 에오스는 티토누스를 납치한 뒤 제우스에게 티토누스가 영원히 살 수 있도록 해달라고 청했다. 제우스는 고심 끝에 그녀의 말대로 티토누스를 영원히 살 수 있는 존재로 만들어주었다.

에오스는 자신의 저주가 드디어 풀리는가 라고 기대했다. 그런데 에오스가 제우스에게 부탁할 때 영원히 사는 것만 해달라고 했지 영

🏛 에오스와 티토누스 🏛
프란체스코 데 무라 ㅣ 18세기 ㅣ 카포디몬테 미술관

원한 젊음까지 달라는 말은 깜박 잊고 말았다. 그래서 티토누스는 영원히 살 수는 있었지만 점차 다른 인간처럼 늙어갔으며, 몸은 쇠약해지고 지능도 떨어졌으며, 심지어 에오스가 누구인지조차 알아보지 못하게 되었다. 티토누스는 결국 너무 늙어서 몸도 제대로 움직일 수 없는 처지가 되었다. 그는 죽고 싶어도 죽을 수 없는 신세였다. 티토누스가 추하게 늙어가는 것을 더 이상 보고 싶지 않았던 에오스는 티토누스를 매미로 변하게 만들었다.

인간의 수명이 짧았을 때는 치매라는 병이 없었다. 그러나 인간의 수명이 연장되면서 치매의 인구는 비례해서 늘어나고 있다. 즉, 유전적으로 정해진 수명보다 인간이 더 오래 살게 되면서 벌어지는 부작용의 하나로 볼 수 있다.

🎬 수명 연장으로 인한 치매의 증가와 가족의 고통

〈여인사십〉에서는 치매에 걸린 시아버지를 돌보며 40대 여인이 겪는 내외적인 어려움을 보여주고 있다.

그러나 영화에서 치매에 대한 고증을 좀 더 했더라면 좋았을 거라는 아쉬움이 남는다. 영화에서는 치매의 경과가 너무 빠르게 진행되었기 때문이다.

즉, 영화의 전반부에서는 시아버지가 단지 매우 고집이 세고 타협할 줄 모르는 무뚝뚝한 성격으로 그려지다가 갑자기 아내가 죽으면서 증세가 빠르게 나빠진다. 아내의 죽음도 모르고, 딸을 알아보지도 못하는 심한 치매의 상태를 보여준다.

물론 치매의 유형은 여러 가지가 있지만, 이 영화에서 그리고자 하는 것은 알츠하이머형 치매다. 이 치매의 특징은 원래 가족들이 눈치채지 못할 정도로 서서히 진행된다.

발병시에 기억력이 조금 떨어진다는 느낌을 가족들이 받을 뿐이고, 작은 일에 짜증을 내거나 쓸데없는 일에 신경을 쓰는 증상을 보인다. 또한 다른 사람을 사귀는 일을 피하게 되고, 일상적인 일에만 매달린다. 이유는 지적기능이 떨어지면서 새로운 작업을 하는 데 익숙하지 않기 때문이다. 그리고 융통성이 없어지면서 고집을 부리는 성격으로 바뀌었다고만 느끼는 경우가 많다.

그러나 영화에서는 너무 갑작스럽게 악화를 보이고 있는 점이 이 질환의 특징과는 거리가 있다.

그러다가 가족들이 조금 인지를 하게 되는 경우는 환자의 성격이 충동적으로 변하여 작은 일에도 불필요하게 화를 내고, 심한 건망증을 호소하는 것이다. 예를 들면, 밥을 하러 부엌에 갔다가 설거지만 하고 나오는 등의 행동을 보인다.

또한 지적능력이 떨어지면서 감정의 변화도 일어난다. 주변사람들이 자신을 무시하는 것 같고 인정해주지 않는다는 생각 때문에 평소에는 별로 귀담아듣지 않던 말에도 섭섭함을 느낀다.

더욱 심해지면, 길을 잃는 경우가 생기고, 피해망상까지 생겨 가족들이 자신의 재산을 빼앗지 않을까라고 생각하며, 수면습관까지 바뀌어 밤새도록 집안을 돌아다니기도 한다. 또한 사소한 일들을 알려주어도 그때뿐 금방 잊어버리는 일이 반복된다.

이 단계까지 오게 되면 가족들의 생활도 망가지기 시작한다.

요즘은 핵가족화가 가속되고 맞벌이 부부가 늘어나면서 치매 환자 주변에 항시 머물면서 돌봐줄 가족이 없는 경우가 많다.

〈여인사십〉에서도 치매환자의 가족을 그리고 있지만, 치매환자의 가족을 알츠하이머의 희생자라고 부른다. 가족들이 환자를 돌보느라 많은 부분을 희생해야 하기 때문이다.

이 영화에서는 치매환자와 가족들의 이야기를 낭만적으로 그리고 있는 편이다. 실제로 치매환자를 돌보는 일은 매우 고되다. 기본적으로 환자의 위생상태를 해결하는 것에서부터 시작해 혹시 집을 나가 길을 잃어버리지 않을까 하는 걱정 때문에 항상 문단속에도 신경을 써야 한다. 심한 환자의 경우 밤새도록 집안을 돌아다니기 때문에 가족들은 잠을 자지 못하기도 한다.

그래서 가족들은 수면부족에 시달리고 집안 분위기는 우울감에 젖어 있게 된다.

또한 이렇게 반복되는 일과에 더해 병이 호전되기는커녕 점점 심해지기 때문에 병간호하는 보람도 없다. 그러다보면 환자에게 짜증 내는 일도 생긴다. 가족들은 환자에게 짜증을 내고 나면 잘못했다는 죄책감까지 갖게 된다.

일단 치매환자는 환경의 변화를 매우 두려워한다. 왜냐하면 새로운 환경에 적응하는 것이 어렵기 때문이다. 가장 좋은 것은 치매환자가 집에서 지내는 것이지만, 한 사람이 환자에게 전적으로 매달리기 어려운 경우가 대부분이어서 치료기관에 의뢰할 수밖에 없다.

그러나 가족들은 치료기관에 맡기면서도 또 한 번 죄책감을 느끼게 된다.

특히 우리나라처럼 유교적인 가치관이 여전히 지배하는 곳에서는 가족들이 모든 것을 해결해야 한다는 생각을 가지고 있기에 치료기관에 맡기는 것을 불효라고 생각하기도 한다.

그러나 적절한 치료기관의 도움을 받는 것에 대해 죄책감을 가질 필요는 없다. 치료기관을 적절히 이용한다면 가족들도 오랫동안 지치지 않고 생활을 지속할 수 있으며, 또 가정이 파괴되는 비극 없이 환자를 돌볼 수 있는 기회가 열리기 때문이다.

예전에는 치매를 '노망'이라고 여겨 노화과정에서 발생하는 자연스런 경과라고 생각했다. 그러나 현대의학은 이것을 질병으로 분류하기 시작했다.

그로 인해 치매의 초기부터 미리 겁을 먹고 너무 빨리 기관에 입원시키거나 가족들은 절망감에 사로잡히고 마는 결과를 낳았다. 즉, 우리 주변에서 흔히 보아왔던 조금은 친근하게 느껴지는 노망든 할머니 할아버지의 모습이 아니라, 치매라는 중병에 걸린 불치병을 앓고 있는 노인으로 인식되는 것이다.

치매의 경과는 비극적인 면이 있고, 가족들에게 커다란 부담을 주는 것이 사실이다. 그러나 노년인구의 증가로 인해 이제는 우리 주변에서 흔하게 벌어지는 일이 될 것이다.

질병을 피하게 되면 두려움은 더욱 커지게 된다. 그러나 정면으로 맞닥뜨리면 도리어 길이 보일 수 있다.

〈여인사십〉에서는 치매로 고생했던 아버지가 죽기 전 마지막에 딸을 알아보고, 그가 예상했던 대로 비둘기가 날아오는 모습을 그리고 있다.

이는 질병이 우리의 영혼을 파괴할지라도 인간정신의 어느 부분은 내면에 숨겨진 채 여전히 숨 쉬고 있음을 상징적으로 보여주는 것이 아닐까?

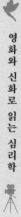

영화와 신화로 읽는 심리학

우리 삶을 읽는 궁극의 메타포
영화와 신화로 읽는 심리학

초판 1쇄 발행 2019년 09월 30일
초판 9쇄 발행 2023년 06월 26일

지은이 김상준
펴낸곳 보아스
펴낸이 이지연
등 록 2014년 11월 24일(No. 제2014-000064호)
주 소 서울시 양천구 목동중앙북로8라길 26, 301호(목동) (우편번호 07950)
전 화 02)2647-3262
팩 스 02)6398-3262
이메일 boasbook@naver.com
블로그 http://blog.naver.com/shumaker21

ISBN 979-11-89347-03-1 (03180)

이 도서의 국립중앙도서관 출판시도서목록(CIP)은 서지정보유통지원시스템
홈페이지(http://seoji.nl.go.kr)와 국가자료공동목록시스템(http://www.nl.go.kr/kolisnet)에서
이용하실 수 있습니다. (CIP제어번호: CIP2019034592)